彭友智◎著

一生不可錯過的佛教故事

讀佛禮佛
認識佛

讀故事之前，先認識佛教諸神

佛教諸神是佛教徒所劃分的生命體中較為高級的生命體，是佛教徒所信奉崇拜的偶像，也是佛教徒所追求的理想境界。

佛教諸神主要是相對於人而言的。

佛、菩薩與羅漢是佛教諸神中的主神，高於人類的「四聖」與「諸天」也屬於佛教諸神的範疇。

因此，本書劃分了五個內容，分別是佛陀與佛緣、菩薩的徹悟、二十四諸天護佑佛法、十八羅漢的平常心和侍者的得失。

「佛陀」是佛教對其創始人釋迦牟尼的尊稱，後來因佛教強調佛法無邊，認為時間是無始無終的，空間是無邊無際的，於是便有了無數的佛。

其中，「三世佛」、「五方佛」是最著名、最顯赫的佛。

「三世佛」有兩種說法，一種是依「三世」原本的時間意義而劃分的，被稱為「豎三世佛」，即過去佛燃燈佛，現在佛釋迦佛，未來佛彌勒佛；另一種是按地域劃分勢力範圍，被稱為「橫三世佛」，即東方淨琉璃世界的藥師佛，娑婆世界的釋迦牟尼佛，西方極樂世界的阿彌陀佛。

五方佛又稱為「五智如來」，是佛教密宗供奉的主尊佛，即東方香積世界不動佛、南方歡喜世界寶生佛、中央法身佛毗盧遮那佛、西方極

樂世界阿彌陀佛、北方蓮花世界不空成就佛，分別代表東、南、中、西、北五方。

菩薩是大乘佛教中僅次於佛的第二等果位，是「菩提薩埵」(Bodhisatta) 的簡稱。

菩提譯為「覺」，這一詞來自於菩提樹，因佛陀在菩提樹下大徹大悟；薩埵譯為「有情」。

菩薩，便是覺有情，有情是指有情愛與情性的生物。

將自己和一切眾生從愚癡中解脫出來，而得到徹底的覺悟（自覺覺他），這種人便叫做菩薩。

大乘佛教中菩薩的地位很高僅次於佛，而且菩薩將來都是會成佛的。祂們的主要職責是協助佛一起教化世間，傳播佛法，普渡眾生。

在中國化的菩薩中，以觀音、文殊、普賢、地藏最為著名，合稱「四大菩薩」。並且把普陀山、五台山、峨眉山、九華山分別說成是觀音、文殊、普賢、地藏四大菩薩的說法道場。

但是有時候，大乘佛教又把凡是立下宏願上求佛道，下化眾生者都稱之為菩薩，這就大大擴展了菩薩的範圍。

在大乘佛教中，羅漢是「四聖」最低的一級，只能達到「自覺」，

而無能力去「普渡眾生」，於是，釋迦牟尼讓諸羅漢在佛滅後不入涅而常駐世間護法弘法。

但在小乘佛教中，羅漢是佛教徒修行的最高果位，獲此果位則能永遠超脫輪迴。

中國寺廟中供奉的羅漢，有「十大弟子」、「十六羅漢」、「十八羅漢」、「五百羅漢」等羅漢群，祂們大多是釋迦牟尼的親傳弟子，也有少數幾個是後世修行有為的和尚，如玄奘、慶友尊者等。羅漢的形象則與現實中的和尚相差無幾，令人感到親切。

佛和菩薩身邊的侍者也可以成佛，例如觀音菩薩座下的龍女，地藏菩薩身邊閔公長老和他的兒子道明，這是因為佛陀與眾生其實並沒有區別，佛陀也可以是眾生的侍者。

諸天是佛教的護法天神，其神像通常供奉在大雄寶殿的東、西兩壁間。據《金光明經·鬼神品》說，有「二十諸天」，二十諸天即二十位天神，祂們是神話中懲惡護善的二十位天神，依次為：大梵天王、帝釋天、多聞天王、持國天王、增長天王、廣目天王、金剛密跡、摩醯首羅、散脂大將、大辯才天、大功德天、韋馱天神、堅牢地神、菩提樹神、鬼子母神、摩利支天、日宮天子、月宮天子、娑竭羅龍王、閻摩羅王。佛教將祂們收錄為護法神，一則表明佛教源遠流長神通廣大，二則有利於早期佛教的傳播。後來，又增入道教四神：緊那羅王、紫微大帝、東嶽

大帝和雷神，為「二十四天」。

　　本書就是透過一個個精彩的故事，讓你真正認識那些令人嘆為觀止、栩栩如生的佛、菩薩、羅漢、侍者和護法神。

　　相信在作者的引領下，你將閱讀到優美的文字，品味到精美的圖片，沐浴在無邊的佛光中⋯⋯

作者序

心中有佛，舉頭見神明

　　佛學是浩瀚文化中不可缺失的一部分，對世人有著與眾不同的啟迪意義。認識佛學中的智慧，可以約束我們不斷膨脹的物慾，指導我們該如何與自然和諧共生，其作用不容忽視。

　　佛教認為，人所做的不善業有十種，即殺生、偷盜、邪淫、妄語、兩舌、惡口、綺語、貪慾、嗔恚和邪見。人如果贊同上述內容並付諸行動，死後會輪迴到地獄、餓鬼和畜生三惡道；如果持否定態度，死後可以轉生為人；如果潛心修行，一心向善，就可以擺脫輪迴悟道成佛。

　　這告訴人們，人的生命層次的高低、生存環境的好壞，完全取決於自己的所作所為。

　　古印度大乘佛教傳入中國後，和中國文化相結合，向多方面發展：一方面與中國的思辨哲學相結合，向學術化發展，對教義愈研愈精，成立不同宗派，使佛教達到高度的繁榮；一方面與中國的精美工藝相結合向藝術化發展，使佛教成為絢麗多彩的藝術寶庫；一方面與中國的人生理想相結合向社會化發展，使佛教與中國社會產生密切聯繫，吸引很多人研習佛法。

　　佛法可以分為真諦和世諦，從真諦方面看，佛法、世法一性不二，空寂平等，一切法皆是佛法，它們本質上是一體的；從世諦方面看，佛法、世法的緣起不同，佛法緣清淨法得建立，世法緣染污法而成就。因而，佛法是出世法，是解脫法，而世法是輪迴法，是繫縛法。在貫徹佛

法走向人間的同時，要全面衡量這二諦的深刻意義而行於中道。

　　研習佛法的人不難發現，那些渡人救人的神佛，有各自不同的成佛故事，或艱辛，或精妙，讀來總能給人啟迪。

　　在現實生活裡，人們工作、生活難免產生貪、瞋、癡的意識心念及行為，卻往往無知無覺，這也算世法的根本面貌。正如《地藏菩薩本願經》中地藏菩薩所說：「我觀是閻浮眾生，舉心動念，無非是罪，脫獲善利，多退初心，若遇惡緣，念念增益。」如果人失去了正確的引導，便如離家出走，失去依怙的幼兒，不但時常迷路，還容易被危險包圍。佛法存在的意義就在於能引領人們遠離貪、瞋、癡之類惡疾，脫離六道煩惱苦海，在同樣的工作和生活中，轉染污為清淨，轉繫縛為解脫，在不廢棄世間的工作和生活的同時，獲得人生意義的終極之樂。

　　佛法不僅可以點撥生活，照顧當下的一言一行，照顧當下的起心動念，令自己的身、口、意三業能轉惡為善，轉染成淨。同時，佛法的智慧還能幫人觀照世間的現象，觀照人類發展的終極意義，發起大乘願行，不住真諦，不染世法，自利利他，與一切有情共圓種智。

　　筆者以為，只有這樣才能達到淨慧法師所說的境界：「將信仰落實於生活，將修行落實於當下，將佛法融化於世間，將個人融化於大眾。」也只有這樣，才能真正體驗「人間佛教」的真諦。

目錄

第二章　菩薩的徹悟

第三章　十八羅漢的平常心

第四章　侍者的得失

第五章　二十四諸天護佑佛法

第一章

佛陀與佛緣

佛,梵文 Buddha 的音譯,「佛陀」的簡稱,意譯為「覺者」、「知者」、「覺」。

覺有三義:自覺、覺他(使眾生覺悟)、覺行圓滿,是佛教修行的最高果位。據稱,凡夫缺此三項,聲聞、緣覺缺後兩項,菩薩缺最後一項,只有佛才三項俱全。

小乘講的「佛」,一般是用作對釋迦牟尼的尊稱;大乘除指釋迦牟尼外,還泛指一切覺行圓滿者。

一切眾生皈依佛、法、僧三寶後,經過三大無量數劫修行佛菩提道(成佛之道),都可能會成佛(除一闡提人),所以成佛是透過累生累劫不斷地精進修行菩薩五十二階位,親證了知三界一切法:四諦、八正道、十二因緣、六度萬行,於妙覺菩薩位下生人間示現成佛,非今生今世可以成就,唯除佛或最後身菩薩示現八相成道而成佛。

太子出家

「能真正洞悉苦惱的真相，就能夠知道苦惱的來源、沒有苦惱的境界和消除苦惱的途徑。」釋迦牟尼佛正是洞悉了世間之苦，才毅然放棄了太子身分選擇出家修道之路，因此，成就了佛教功德。

相傳，淨飯王的摩耶王后在懷孕前，曾夢見一頭六牙白色大象騰空從右肋進入自己的腹中。因為白象是印度的聖物，所以王后懷孕後，心情愉悅，心靈純淨祥和，甚至斷了貪慾，每天只是到幽靜的樹林和水溪旁散步，無憂無慮。而皇宮御苑中也出現了祥瑞：百鳥群集，唱著動聽的歌聲，四季花卉同一時間盛開，最為奇異的是，宮內的大池塘中突然

在華嚴經中，文殊菩薩以智、普賢菩薩以行輔佐佛陀的法身毗盧遮那佛（密宗言大日如來），故被稱為「華嚴三聖」

長出一朵大如車輪的白蓮花。

按當時的風俗，女人第一胎分娩時必須回到娘家去，於是淨飯王就為摩耶王后備了華麗的轎子，並派了許多宮女、侍臣，護送摩耶王后回天臂城。摩耶王后在回娘家途中，感到旅途疲乏，就在藍毗尼花園下轎，到園中休息。

藍毗尼花園太子誕生圖

摩耶王后走到一棵枝葉茂盛的無憂樹下，見樹上盛開的花色澤鮮豔，香氣四溢，便忍不住伸手去採摘鮮花。沒想到驚動了胎氣，只好在樹下生下太子，就這樣，披著一身金光的釋迦牟尼從她的右肋下生出。

據說，太子降生時，樂聲四起，花雨繽紛，天空還瀉下一暖一涼的兩股淨水，為太子沐浴。剛出生的太子與其他嬰兒很不一樣，不僅不哭不鬧，還能穩穩地自行七步，一步一蓮，步步生蓮，然後右手指天，左手指地，大聲宣稱：「天上天下，唯我獨尊。」

淨飯王聽說王后在藍毗尼花園生下太子，欣喜萬分，立即帶領眾多宮女侍臣，駕著車馬，抬著特製大轎，趕到藍毗尼花園，將王后母子接回了皇宮。

太子誕生後第五天，淨飯王讓全國眾多有名望的學者為太子取名字。

幾番討論後，一致同意太子取名叫喬達摩‧悉達多。

悉達多，意為「吉祥」和「成就一切」。

有一位名叫阿私陀的仙人來到皇宮中，細細端詳安然而臥的太子，

被深深地震撼了，他恭敬地說：「非凡人！非凡人！太子相貌奇妙，面如滿月，他是釋迦族的光榮，將會成為人世間的救主。」

接著，阿私陀遺憾地說：「太子一定是會出家成佛的，可是我太老了，不能夠親見金身，親聞妙法了！」

淨飯王一心一意想讓兒子繼承王位、傳宗接代，隨著悉達多太子漸漸長大，淨飯王用盡了世界上最好的色、聲、味、香、觸五塵慾境來誘惑他的身心，不讓他有絲毫不愉快。淨飯王命人建造了三座豪華的宮殿，一座冬季防寒，一座夏季避暑，還有一座用來雨季防潮，三座宮殿合稱為三時殿。這三時殿的作用當然不僅是禦寒、避暑、防潮這麼簡單，淨飯王希望藉此培養一下悉達多太子驕奢享樂的生活態度，為了加強效果，還選來一百名美女終日在三時殿內載歌載舞，飲酒作樂。

誰知，這樣非但沒能令悉達多太子沉迷情慾，反而激起了他對人生更深的思考：「世間有數不盡的苦難，一味追求享樂能擺脫痛苦嗎？生命如此短暫，享樂又能到幾時？」

一次，悉達多太子乘馬車出城。他先在城東門看見一個鬚髮全白、彎腰駝背、行走艱難還不斷呻吟的老人；接著又在城南門見到一個滿身生瘡流血的病人；後來他又

描繪悉達多太子削髮出家的唐卡。

在城西門看見兩個人抬著一個死屍迎面走來，隨行的親屬悲痛地嚎哭著。

親眼目睹這些人世苦難，悉達多太子在馬車裡不禁滿心愴然，想到人活在世，既無法避免死亡的恐懼，又不能忍受至親離去的痛苦，這令他更深刻地思考起生死輪迴。

馬車來到城北門，悉達多太子看到一位身披袈裟、手持缽盂的出家人。他問僕人：「這是什麼人？」

僕人說：「這是出家人。」

悉達多太子又問：「什麼是出家人？」

僕人回答：「一心追求真理、捨家棄子、拋棄七情六慾、遵守戒律的人。他們相信一旦得道，就可以脫離生、老、病、死的痛苦。」悉達多太子聽後，竟一心嚮往起出家來了。

國王知道後，打算從此不讓他出宮，但是悉達多太子非常堅定，最後逼得父王也只能讓步。

中國農曆的二月初八午夜，悉達多太子跨上一匹名為「犍陟」的白色駿馬，毅然離開了父親為自己修建的豪華宮殿，在白茫茫的月色中，朝山林飛馳而去。

等到天剛破曉，悉達多太子便揮劍斬斷了自己的頭髮，換上出家人的服飾，然後傳信回宮，說自己已經出家修行了。

悉達多太子出家後，一心修苦行道，完全不顧口腹之飢、皮肉之苦。六年過去了，他骨瘦如柴，仍沒有找不到解脫的法門。

一天，他在山林裡遇到一個牧羊女。牧羊女見他這般模樣，就對他說：「你身體這麼虛弱，怎麼修行呢？我給你弄點吃的吧！」牧羊女擠

了一些羊奶，採了一點野果，加點其他食材一起放進飯缽裡，煮成了一缽香噴噴的乳糜，遞到悉達多太子面前。對他來說，這本來是再普通不過的食物，但是此刻吃在嘴裡，竟覺得這簡直就是天下最美味的食物，體力一下就恢復了。接著，他走到河邊，洗淨污垢，覺得身心舒暢無比。

這個時候，悉達多太子突然醒悟，印度的哲學思想中沒有真正能使人達到大徹大悟的道理，自己只是一味的苦行是徒勞無益的。於是，他決定結束苦行，換另一種方式去尋求真理。

悉達多太子，法號為釋迦牟尼，後世尊稱他為「佛陀」。

小知識

釋迦牟尼佛，即如來佛祖，祂是佛教最初的創始人，後世尊其為「佛陀」。佛陀徹悟人世真理，圓滿了福德和智慧，成就了無量功德，因而又被稱為「佛寶」。祂的《般若波羅蜜多心經》、《金剛經》等佛經成為了佛教極具代表性的作品。

修行和法力

佛祖釋迦牟尼當年證道後，嘆曰：3「奇哉！人人皆有如來智慧德能，但以妄想執著不能證得。放下執著，但還有妄想、分別，就成阿羅漢；放下執著和分別，但還有妄想，是菩薩的境界；妄想、分別、執著全都放下了，就成佛了。」

經過六年苦苦修行後，佛陀（悉達多太子）來到菩提伽耶，在一株高大茂密的菩提樹（即無花果樹）下結跏趺坐，並立下誓願：「不成正等正覺，誓不起此座！」隨後，他靜思默想，用大智慧觀照宇宙人生的緣起本心，進入一種「明白」或「醒悟」狀態，達到「既不知道滿意又不知道失望」的境界。這時，就見祥光四起，天地間光明無限。

祥光驚動了魔王波旬，牠不希望佛陀證悟正覺，就派出三個魔女前去蠱惑破壞。

這三個魔女分別叫特利悉那（愛慾）、羅蒂（樂慾）、羅伽（貪慾），她們盛裝以待，分外妖嬈地來到佛陀身前，一會兒殷勤獻媚，一會兒嫣然挑逗。但是，佛陀心念寂定，對她們視而不見，彷彿出淤泥而不染的蓮花一般，格外清高。

三個魔女仍舊不肯死心，竭盡種種妖嬈之態，淫蝶之狀。佛陀訓誡她們道：「妳們形體雖好，但是心不端正，好比精美的琉璃瓶裝滿了糞土，不自知恥，還敢來誑惑人嗎？」接著，他施展法力，使魔女得見自身惡態，只見骷髏骨節，皮包筋纏，膿囊涕唾，醜狀鄙穢。

魔女們見此，自慚形穢，灰頭土臉地逃走了。

第一招失敗，魔王波旬並不甘心，接著派出魔將魔兵，以及各種毒蟲怪獸，帶上毒雷毒箭，向菩提樹下的佛陀殺奔過來。

佛陀端坐如故，飛箭毒雷紛紛墜落在他身邊。魔王大驚，卻依舊不肯認輸，牠氣急敗壞地說：「你從小在王宮中長大，生活安逸，從來沒有積德造福，怎麼可能獲得正覺？你不要白費工夫了，還是回王宮享受榮華富貴去吧！」

南宋梁楷所繪《出山釋迦圖》。本圖描繪的是經過長久修行仍未悟道的悉達多太子出山的情景。

佛陀慨然回答：「我前世曾經佈施頭顱、手腳無數次，從三僧祇無央數劫以來，積集了無量福德智慧，圓滿了六度萬行，怎麼說我不能獲得正覺呢？」

魔王波旬不服：「佈施可不是吹出來的。我佈施過一次，遂做了魔王，有人可以為我作證。你說前世佈施過，有誰為你作證？」

佛陀見牠咄咄逼人，不得不以右手指尖輕觸地面，說道：「無私的大地啊，請為我作證！」話音剛落，就見地神從地底湧現，站在正前方，對著波旬說：「我就是證人！」

魔王波旬理屈詞窮，不由得惱羞成怒，率眾傾巢來攻。

佛陀身放金光，魔眾盡皆跌撲。

證道成佛。

　　天帝又請菩薩相助，菩薩施法，洪水洶湧而出，惡魔怪獸盡淹其中，狼狽敗退。

　　魔障已退，佛陀從離惡法以生喜樂的初禪天，逐漸進入只知施予而不求回報的四禪天，並在入夜時獲得天眼通，遍觀十方無量世界和過去世、現在世、未來世的一切事情。

　　凌晨時分，他大徹大悟，終於獲得無上大道，成為圓滿正等正覺的佛。

　　佛陀成佛後，許多外道不服，與他明爭暗鬥。

　　當時，王舍城內有外道六師，他們蠱惑國王的弟弟，不敬奉佛法。國王得知後，勸說弟弟施捨供物，宴請佛陀。

　　王弟在國王苦勸下，答應他的要求，舉辦了一次大宴會，邀請包括

佛陀在內的很多人參加。

佛陀帶著弟子們來到會場，只見外道六師早已高坐上位，只好與弟子次第而坐。

這時，外道六師的上座忽然變成下座，排到了佛陀後面。他們大驚，連忙起身趕往上座，可是當他們落座後，頃刻間又變成下座。如此三番，六師沒有辦法穩住自己的座次，只有坐在下座。

在場人見此，無不暗自驚訝，然而接下來的事情更令人稱奇：當王弟捧著水盆讓佛陀和六師洗手時，六師伸手接水，水卻流下不來；他只好請佛陀先洗，佛陀洗畢，六師方能洗手。當王弟請佛陀和六師祝願時，六師張口卻說不出話來，只是以手指佛陀；佛陀開口祝願，梵音繞耳，眾生傾倒。當王弟請佛陀和六師講法時，六師如前無法說話，又以手指佛陀；佛陀為眾人說法，妙音無限，為大眾開解法果，皆大歡喜。

宴會結束，六師惱羞成怒，為了鬥敗佛陀，一雪前恥，他們決定各自外出學習奇術。最後，他們學到了空中飛行、身出水火、分身散體等各種變化魔術，於是廣聚門徒，向佛陀請戰。

國王聽說後，對六師說：「佛法宏大無邊，如果你們一意孤行，豈不是蜉蝣撼樹嗎？你們太愚蠢了！」

六師不聽，執意與佛陀一較高低，並當著國王的面下了戰書，約定七日後較量。

國王只好命人將此消息轉告佛陀，請他調伏外道。隨後，開始準備鬥法場地，並在第七日派人迎請佛陀。

出人意料的是，此時佛陀早已帶著弟子們離開王舍城，趕往毗舍離國去了。六師聽聞，大喜過望，放出狂言說：「那個自稱佛的人知道自

己法力有限，害怕失敗，所以逃跑了！」他們傲慢無知，一心要鬥敗佛陀，因此氣呼呼趕往毗舍離國，請求毗舍離的國王做主，七日後在該國境內與佛陀鬥法。

可是到了第七日，當毗舍離國王派人迎請佛陀時，發現他已經與弟子們趕往拘睒彌國了。六師更加狂傲，不顧一切地緊追而去。如前兩次一樣，當他們準備與佛陀較技時，佛陀又帶著弟子離去了。

經過多次輾轉，最後佛陀來到了舍衛國，六師也緊隨而至。

舍衛國的國王請求佛陀顯神通，給六師一點教訓。

這次，佛陀答應了，沒有離去。

第一天，佛陀和弟子們來到鬥法場地，接受施捨。

進食完畢，佛陀接過楊枝，咀嚼後投擲地面，忽見一株大樹拔地而起，高達數丈，枝繁葉茂，上面結著馥郁的果實。樹根發出燦爛的光焰和美妙的聲音，佛陀在樹下說法，眾生心生喜悅，心智開解，很多人得果生天。

第二天，佛陀在身旁化成兩座寶山，一座堆滿稻米，一座長滿芳草。飢餓的人上山吃米，飢餓的牛羊啃食青草。佛陀再次宣講佛法，得果升天者又有很多人。

第三天，佛陀接受供養後，將漱口水吐在地上，化成一池聖水，其中遍滿七寶之沙，八種蓮花。與會眾人見此奇景，紛紛稱讚佛陀功德。佛陀為眾人講法，增其福業善德。

接下來幾天，佛陀一連顯示多種神通，眾皆嘆服，對佛教生起無量信解。佛陀為眾生說法，一切有情皆發無上心，心心相知，眾人皆大歡喜。

到了第八天，帝釋天請佛陀升獅子座，並與梵天王侍立左右。

佛陀在獅子座上發出大象吼音後，五大神鬼立即顯現，擊碎六師的座位；金剛杵發出猛烈火焰，直撲六師頭頂。

六師驚恐逃遁，落入河中而亡。他們的那些弟子見此，紛紛跪倒佛陀座前，請求皈依化渡。

佛陀說：「善來比丘，鬚髮自落，法衣在身，皆成沙門。」

話音剛落，這些人果真頭髮脫落，身披法衣，修成阿羅漢果。

小知識

帝釋天，佛教的護法神，主要職責是保護佛陀、佛法和出家人。佛陀在樹下修道時，惡魔進攻擾其禪思，帝釋天吹響貝螺，保護佛陀；佛陀涅盤時，帝釋天現身，唸誦頌詩；同時，祂還保護佛陀的舍利。

世尊涅槃

梵語涅槃，華言滅渡。謂如來化身，示現滅渡，皆由深入涅盤生死境界，故能示現。菩薩稱佛深入而見，是名涅槃佛深入見。佛陀前後說法四十五年，共談經三百餘會，渡人無數。

到了他八十歲的時候，三藏教典已經盡備，四眾弟子普沐教澤，渡生之事漸畢。

一天，他帶著弟子們到了拘屍那伽城外娑羅雙樹林裡，這個地方四面各有兩株娑羅樹，枝枝相對，葉葉相映，中間綠草如茵，野花如錦，香氣四溢，清幽宜人。

佛陀命弟子阿難在雙樹林中設席舖床，然後頭北面西，右脅著席，疊足安臥，示以即將涅槃。

弟子們見此，無不傷感，他們推選阿難為代表，向佛陀請示四件事：佛滅後依誰為師？依何安居？該如何調伏那些惡行比丘？該如何集結經典令人證信？

佛陀聞言，開示道：「依戒為師，依四念處為安住，惡性比丘默擯，在經典前冠以『如是我聞』四字令人證信。」

佛陀靈鷲山說法圖

佛陀本生故事唐卡

言畢，忽有外道須跋陀羅趕來，求佛陀渡化。

須跋陀羅原為古印度拘屍那城的一名外道婆羅門，聰慧多智，修習已得五神通。這年他年滿一百二十歲，當他感受到天地間的悲泣時，預感有重大的事情要發生，而且走到街上聽見路人奔走相告：「那位唯一掌握世間真理的智者就要涅槃了！」便立即帶領五百力士趕來拜謁，希望佛陀能夠解答心中的困惑。

須跋陀羅來到雙樹林，阿難攔住了他：「不可以啦，不可以啦！師父非常疲憊，不要來煩擾他。」須跋陀羅一心求見佛陀，不聽勸阻，一次又一次請求。

佛陀雖在病中，卻早已料到須跋陀羅的來意，說道：「阿難！你不要阻止他，讓他進來吧！他是來問我修法之事，不是來打擾我的，他會證得我傳授的法。」

果然，佛陀聽了須跋陀羅的問題，為他講授八聖道等佛教奧義，消除他心中懷疑，並命阿難為他剃度。

須跋陀羅成為佛陀最後受度的比丘，他精進修法，不久證得阿羅漢果。那五百力士也心領神會，解開困惑，得到了道果。

旁邊的人頗為不解，不由得上前問道：「這些人因為什麼奇特的因緣，能在您將涅槃的時刻，得到渡化，很快就得成道果了呢？」佛陀微

笑著回答：「凡事有果必有因，我早於過去上世為渡化他們，捨生取義，令他們種下今日得度的因緣。」

接著，他講了一個故事——

「很久以前，有一個名叫波羅奈的王國。這一天，梵摩達多國王帶領他的大臣出城狩獵，見到一片枝繁葉茂的樹林，有五百頭鹿在河岸邊無憂無慮地遊戲。鍾愛打獵的國王大喜，號令屬下各持弓箭刀矛，嚴陣以待，圍狩鹿群。此時，鹿王瞥見四周人影閃動，知道有危險降臨，立刻發出警訊，但是群鹿見河水深不見底，倉皇失措不敢渡河。鹿王為了幫助鹿群脫困，就張開四足橫跨在河的兩岸，充作橋樑，大聲疾呼：『快呀，踩在我的背上過河！』於是大鹿、小鹿

明朝吳彬所繪的《涅槃圖》。圖中佛祖側臥於娑羅雙樹下圓寂，眾多佛門弟子、道家神仙、志怪鬼異及凡界男女，紛紛前來弔唁。

一個接著一個，從鹿王的背上踩踏而過。鹿王的皮破了、骨折了，痛不可言，仍然咬緊牙關堅持著。在群鹿幾乎全部渡過河時，一頭母鹿帶著小鹿落在了後面，鹿王以不可思議的堅忍力量幫助母鹿和小鹿渡過河，才筋疲力盡地嚥氣喪命。」

說到這裡，佛陀停了下來，問大家：「你們可知道那時的鹿王與鹿群各是何人？」大家一片默然，佛陀說：「鹿王就是我的前身，而五百頭鹿則是今日須拔陀羅等五百力士。我在畜生道中都能不惜勞苦以命渡

三世佛。

脫眾生，何況今日超出三界，當然不以渡眾生為勞苦之事了！」

接著，佛陀對著弟子們說出最後一句話：「一切都是無常的，你們要完全脫離，不可放逸！」說完，進入涅槃境界。

眾生得知佛陀涅槃消息，紛紛從四面八方趕來，瞻仰他的遺容，緬懷他的功德。

七日後，佛陀的大弟子摩訶迦葉主持了葬禮，在拘屍那伽城天冠寺舉火焚化。

薪盡火滅，摩訶迦葉取出舍利（高僧遺體焚燒後留下的珠狀物），分為八份，用淨器裝盛，分送八國造塔供養。

🌸 小知識

關於佛陀涅槃的具體日期，佛教經典記載不一：《長阿含經》卷四，定佛涅槃日為二月八日；《大般涅槃經》卷一、《善見律毗婆沙》卷一，訂佛涅槃日為二月十五日；《大唐西域記》卷六，則為衛塞月後半十五日；《薩婆多毗尼毗婆沙》卷二，則為八月八日；《大毗婆沙論》卷一九一、《大唐西域記》卷六援引說一切有部所傳，為迦剌衣迦月後半八日；《灌洗佛形象經》則為四月八日。總的說來，南傳、藏傳佛教歷來將佛涅槃和佛誕日、佛成道日訂在同一天，而中國漢傳佛教則將這三個節日區分開來，其中佛涅槃日習慣訂為每年的農曆二月十五日，此例沿襲至今。

最高果位

「覺具三義：一者自覺，悟性真常，了惑虛妄；二者覺他，運無緣慈渡有情界；三者覺行圓滿，窮原極底，行滿果圓故。」自覺覺彼者，其唯佛也。

寺院大殿中常見主佛有三世佛和五方佛，祂們代表著佛教修行的最高果位。

三世佛，俗稱「三寶佛」，按照時間意義劃分（豎三世佛），分為過去佛燃燈佛、現在佛釋迦牟尼佛、未來佛彌勒佛；按照地域劃分（橫三世佛），分為東方世界藥師佛、西方極樂世界阿彌陀佛、婆娑世界釋迦牟尼佛。

相傳，在過去世時，釋迦牟尼是一名侍童，非常尊崇燃燈佛，供養給他五枝青蓮花，並追隨他修習佛法。

有一次，釋迦牟尼隨同燃燈佛外出，路過一段泥濘的地面，他毫不猶豫地趴在地上，請燃燈佛踏著自己的身體而行。燃燈佛見他虔誠可嘉，就為他授記，說：「九十一劫後，是賢劫世，那時你當作佛，號釋迦牟尼佛。」

佛教認為，一劫為四十三億兩千萬年，經過九十一劫後，釋迦牟尼果然成佛，他就是現世佛。

而未來佛彌勒佛，是佛教三十三重天淨世界教祖，他從極樂世界降生在一個婆羅門

五方佛銅像。

之家，軀體金色，具足三十二相八十種好。他拜釋迦牟尼佛為師，在華林園龍華樹下成正覺，開始傳播佛法，並修得慈心三昧。

關於「橫三世佛」，即藥師佛、釋迦牟尼佛、阿彌陀佛。

藥師佛是東方淨琉璃世界的教主，又稱藥師琉璃光佛、大醫王佛，曾經發願：「除一切眾生眾病，令身心安樂」，因此具有治病救苦的能力。他告訴世人：「如果有疾病苦惱，可以請僧侶誦經，點燃七層之燈，每一層安置七盞燈，使其旋轉如車輪，並且懸掛五色續命神幡四十九尺，那麼疾病自會解除，災難得以過渡。」

釋迦牟尼佛為娑婆世界的教主。「娑婆」是「堪忍」、「能忍」的意思，具有兩層含意，一是說釋迦牟尼佛教化的眾生，罪孽深重，充滿了不堪忍受的苦難；一是說佛在現實世界中以慈悲心懷和無畏的精神，忍受著重重勞累，不辭辛苦地教化眾生。

阿彌陀佛，又稱無量壽佛，是西方極樂世界的主佛，代表智慧，意思是光明無限，壽命無限。

五方佛又稱為「五智如來」，是佛教密宗供奉的主尊佛，即東方香積世界不動佛、南方歡喜世界寶生佛、中央法身佛毗盧遮那佛、西方極樂世界阿彌陀佛、北方蓮花世界不空成就佛，分別代表東、南、中、西、北五方。

毗盧遮那佛意為「光明遍照」，是釋迦牟尼的化身之一，代表法界體性智，總括五種智慧，因此又叫「大日如來」。毗盧遮那佛土是第一佛土，此佛土名色究竟淨土，意思是不在任何之下，亦即至高無上美得難以想像、難以言說之意。

毗盧遮那佛是五方佛至尊，除了遍照宇宙萬物外，還能利養世間萬

物，恩惠一切有情無情，啟蒙佛心，使其獲得不可思議的成就。密宗教法，正是有毗盧遮那佛演說而來，因此被尊為密宗始祖，其論述《大日經》、《金剛經》，被奉為密宗根本經典。

不動佛本是久遠劫之前東方阿比羅提國的一位教主，在成佛前，因侍奉大日如來，受其感化，修行成佛，於是在東方世界建立淨土，弘揚佛法。

東方不動如來佛土是第二佛土，名喜悅淨土，以真樂為名，意思為生於該土者，不再退轉。

寶生佛意為寶貴之源，即所有成覺的光榮都可能在此佛上獲得，代表平等性智。

寶生佛土為第三佛土，名具德淨土，此土之佛賦有光榮，具有成就正覺的一切品行和能力。

阿彌陀佛土是第四佛土，名為極樂世界，其中從未聞苦、從不受苦。

不空成就佛，代表成所作智，其佛土為第五佛土，名勝樂淨土，意思是圓滿。表示一切想做的事都能輕易完成。

小知識

「三十五佛」指常住十方一切世界的三十五佛，祂們於成佛前行菩薩行，發大願，成佛後，對眾生之利益也不同。

據《大寶積經》卷九十〈優波離會〉以及《決定毗尼經》所載，三十五佛即：(1)釋迦牟尼佛、(2)金剛不壞佛、(3)寶光佛、(4)龍尊王佛、(5)精進軍佛、(6)精進喜佛、(7)寶火佛、(8)寶月光佛、(9)現無愚佛、(10)寶月佛、(11)無垢佛、(12)離垢佛、(13)勇施佛、(14)清淨佛、(15)

三十五佛。

清淨施佛、(16)娑留那佛、(17)水天佛、(18)堅德佛、(19)旃檀功德佛、(20)無量掬光佛、(21)光德佛、(22)無憂德佛、(23)那羅延佛、(24)功德華佛、(25)蓮花光遊戲神通佛、(26)財功德佛、(27)德念佛、(28)善名稱功德佛、(29)紅炎幢王佛、(30)善遊步功德佛、(31)鬥戰勝佛、(32)善遊步佛、(33)周匝莊嚴功德佛、(34)寶華遊步佛、(35)寶蓮花善住娑羅樹王佛。

贈給窮人的藥

「我來世得菩提時，以無量無邊智慧方便，令諸有情，皆得無盡所受用物，莫令眾生有所乏少。」十二大願，藥師佛以攝化眾生的功德，為眾生求得了現世的安樂。

藥師琉璃光如來，簡稱藥師佛，能夠解除生死之病，故名藥師；又能照見三有之光，故稱琉璃光。

藥師佛是東方淨琉璃世界的教主，率領著日光遍照與月光遍照兩大菩薩等眷屬教化眾生。

東方淨琉璃世界清淨純一，不受慾念侵襲，遠離三惡趣等苦惱。其土地由淨琉璃覆蓋，地面上的宮殿樓閣由七寶所造，莊嚴殊勝，與西方阿彌陀佛佛土互為照映。

藥師佛成道前，曾經發十二願，諸如，「使眾生飽滿所慾而無乏少」，「使一切不具者諸根完具」，「除一切眾生眾病、令身心安樂、證得無上菩提」，「使眾生解脫惡王

藥師佛。

35

藥師佛與兩大菩薩及十二神將。

劫賊等橫難」等，均為眾生祈求現世安樂，並願他們早證菩提。故此，藥師佛成為現世眾生消災延壽的法門。

關於藥師佛的由來，相傳在很久以前，凡間居住著一位平民，因為目睹世間疾病橫行，長年戰亂不斷，心發菩提意，發誓要拯救民眾遠離疾病痛苦。恰逢電光如來行化世間，對他的行為極其讚賞，於是點化他成佛，他的兩個孩子分別是日光菩薩和月光菩薩。

藥師佛對世人的庇佑猶如贈送給窮人的金石丹藥，幫助窮苦人家脫離病痛，又不會造成窮人的經濟負擔。

民間傳言，修習《藥師經》可以延年益壽。

在《藥師佛感應錄》中，有這樣一個故事：

唐朝有一個叫李通的人，年僅二十七歲，正是風華正茂的年紀。

有一天，他出門遇見了一位精於命理的相師。

碰到江湖術士並不能算奇遇，每天不知有多少人會遇到。可是李通卻從相師口中聽到一個壞消息，相師告訴他：「你壽緣將盡了。」

李通一聽連忙追問：「我還有多長的壽命？」

相師搖頭嘆道：「你連三十一歲都到不了。」

李通大驚失色，心裡十分難過，在家中消沉了好些日子，也沒能平復心中的苦悶。

這天，他來到佛門，找到一位老和尚傾訴道：「我的人生如此悲哀，

在正要有所作為的年紀，竟然只剩下四年壽命，人生哪裡還有希望！」

聽完李通的訴說，老和尚會心一笑，對他說：「不要失望，佛門中有一個長壽的方法，如果你能夠誠心誦讀《藥師經》，就一定能夠延年益壽。」說罷，老和尚拿來《藥師經》贈與李通。

李通半信半疑地接過《藥師經》，雖然對這個方法有些懷疑，但還是燃起了一絲希望。

他問老和尚：「凡塵俗事如此之多，只怕我不能像佛門子弟一樣專心修持。」

老和尚回道：「沒關係，假使你不能專心修持，認真抄寫經文也可以。」

李通得到這個長壽的方法後心裡很高興，回到家便開始用心抄寫經文。當他從頭到尾抄寫完《藥師經》後，恰好又碰到那位相師。

相師見到李通，驚訝地叫道：「竟有如此不可思議的事情，你的壽命竟然延長了三十年，你到底修習了什麼功德？」

李通聽到此言，心中的重擔終於放下了，而藥師佛對人間疾病的淨化庇佑可見一斑。

🌸 小知識

據佛經記載，藥師佛曾發下十二大願為眾生謀福祉。據傳，行將就木的重病之人，若能心如止水地供奉禮拜藥師佛，誦讀藥師如來本願功德經四十九遍，燃長明燈四十九盞，造五彩雲幡四十九天，即可延續生命。

贖盡過去的罪

極樂淨土，身無生老病死，寶樹成行，金沙布地，土地平坦，陽光永晝。財富取之不盡，用之不竭，諸上善人同聚一處其樂融融，貪嗔癡念一絲不存。這裡沒有煩惱，是身心清靜的聖地。

南無阿彌陀佛本是天竺國的一句話，「南無」意為恭敬、信仰、皈依，「阿彌陀」是無邊的智光、無窮的福壽之意，所以這句話合起來的意思就是敬從那無邊無量智光福壽的聖人。

在佛經中曾記載過一段故事：佛陀問舍利佛說：「那位西方極樂世界的佛，為什麼叫做阿彌陀佛？」舍利佛不知，佛陀自答道：「阿彌陀佛光明無限，照耀十方世界，沒有一點障礙，阿彌陀佛和祂的子民們擁有無量無邊的壽命，所以才叫阿彌陀佛。」

阿彌陀佛、觀世音菩薩、大勢至菩薩西方三聖來迎圖。

在阿彌陀佛的極樂世界中，所有菩薩都能徹底洞察、全面聽聞到來自四面八方過去、現在的一切事情。對於諸天人民以致於飛蠅爬蟲之類心中所想和善業、惡業，口中想說之事，以及何時能夠得以解脫苦海，何時能夠往生極樂世界等事情，

牠們都知道得一清二楚。

　　相較釋迦牟尼佛的娑婆世界，阿彌陀佛的極樂世界往往為更多世人所嚮往。

　　關於阿彌陀佛由來，佛經中有這樣一段記載：

　　相傳，在遠古的時候，有一位信奉佛教的國王，他對佛教的尊崇令他甘心放棄王位，出家做一名普通的沙門，法號法藏。國王這樣做只是為了能夠心無旁騖的修行。後來，這位國王來到住世的世在王佛處，並立下誓願要獲得「無上真正道意」。在一段長期且艱苦的修行之後，他發下了四十八個大願，如：設我得佛，國有地獄、餓鬼、畜生者，不取正覺。此後，這位國王不斷積聚功德，行願善事，終於願行圓滿成就了四十八個大願，而這位不要江山要佛法的國王因此得道成佛，就是後來的阿彌陀佛。

　　阿彌陀佛成佛以後，對世間的疾苦始終感同身受，祂同情人們的貧苦、飢寒、勞作、妒忌、嗔怨等等。於

阿彌陀佛的極樂世界。

是，阿彌陀佛又想到建立一片極樂淨土，讓上善之人身心都能在這片淨土得到平靜。因此，阿彌陀佛立下了誓願，希望能成就無量莊嚴功德，圓滿眾生極樂，普渡無邊劫苦，建立西方極樂淨土。

在立下新的大願以後，阿彌陀佛開始了新的修行，相較成佛前的積善行德更加辛勞刻苦。當然，最終阿彌陀佛的誓願得以實現。這片極樂淨土，也成為了世人最嚮往的桃源聖地。

小知識

阿彌陀佛，又名無量佛，意為「有無量功德的覺悟者」。據記載，阿彌陀佛曾立大願，要成就無量莊嚴功德，普渡無邊眾生，最終建立西方淨土，為大乘佛教所廣為崇敬和弘揚。後來的西方極樂世界，即阿彌陀佛發願成就的。

佛陀的老師

一切佛都具有圓滿的智慧和神通，祂們能窮盡過去、未來、虛空，遍知一切，燃燈古佛身為大千世界第一個佛，祂的佛法造詣自然不必多言。

提到佛，除了他們的才智或者修行，還不得不說說他們的老師。許多佛都已修習了大乘佛法，這離不開在啟蒙階段點化他們的老師。其中，最值得一提的老師當數燃燈古佛。

相傳，在無量劫前，有一位鄉下人，曾經在寶體佛的門下修行了一生。寶體佛涅槃之後，這位鄉下人轉生為比丘，生生世世守在寶體佛的舍利塔中，為寶塔點燈，終日不絕。

無量劫後，寶塔已無影無蹤，而這位比丘仍然生生世世護持佛法。他點亮光明慧燈，照亮人群，最後，能作光佛為他授記成佛，尊號燃燈。

按照佛教的說法，燃燈古佛代表著過去世。因他出生時身邊一切事物都是光明萬丈，猶如明燈，故稱其為燃燈古佛。

燃燈古佛為佛而來，為佛而去，他能成為釋迦牟尼老師，是註定的緣份。

有一種說法認為，在過去，有一位佛號睫如來，具足功德。當時有一位修行人見到佛，心生歡喜，想要供養七天。他的一個小弟子將麻油盛在瓦片中，沐浴完之後，以白巾裹頭，自手燃之，用以供養佛陀。此後便得到了佛的授記：「過無數劫你當作佛，頸上肩上各有光明」。這位童子就是燃燈佛。成佛後，他給自己的師父授記：「當得來世做佛，

號釋迦牟尼佛，亦當渡無量眾生。」

另一種說法認為，燃燈古佛初見前世釋迦牟尼時，釋迦牟尼還只是一個善慧童子。善慧童子雖然年幼，但心思卻十分細膩，已然有了獻花為佛的思想。當時，一位尊貴美麗的王族女子手捧著一束青蓮花。善慧童子見到以後，便花五百錢買來五朵青蓮花，獻給燃燈古佛。青蓮，單從名字也能感受到清幽禪定的佛意。

佛緣當然不會就此打住，不然善慧童子就只能是善慧童子了。

獻花以後，不知又過了多久，一天，善慧童子獨自在外修行，正巧遇見了燃燈古佛。

善慧童子發現地面上有一灘污水，心想，燃燈古佛是赤足修行，如果這樣走過，污水一定會弄髒他的雙腳。想到這裡，善慧童子當即親身

燃燈佛授記釋迦圖。

撲在地上，並將自己的頭髮鋪在污水上面，希望燃燈古佛從他的身上走過，避免污水弄髒赤足。

燃燈古佛安然地踩上雲童的背脊，正式為他授記：「善男子，汝於來世，當得作佛，號釋迦牟尼。」

這時，蓮花城內百花綻放，國王、王公、貴人和滿城百姓都充滿了法喜，天龍八部、諸天護法也齊聲為他讚嘆歡唱。

此時，善慧童子赤著身子頂禮佛足，燃燈佛為他披上了一襲紫金袈裟，然後就回頭出城了。

善慧童子就是後來娑婆世界的本師釋迦牟尼佛，青衣少女就是後來悉達多太子的妻子耶輸陀羅。

可以說，釋迦牟尼雖有慧根，但燃燈古佛對前世釋迦牟尼的影響仍然不可忽視。

小知識

燃燈古佛，也被稱為過去佛，是在大千世界中第一個出現的佛。最初，釋迦牟尼還未成佛時，便跟隨釋燃燈古佛修行。燃燈古佛曾預言九十一劫後，將由釋迦牟尼接班成佛，這恰恰印證了「劫世」的理論。

大肚能容

至今許多寺廟在供奉彌勒佛時仍然會掛著這樣一副楹聯：「腹大可容人間難容之事，口闊以笑世上可笑之人。」這大概是對彌勒佛最傳神的寫照了。

彌勒佛是中國民間普遍信奉的佛。祂以慈悲為懷，在天南海北的廟宇裡只要看到一尊肥頭大耳，張口大笑，身穿袈裟，袒胸露腹，盤腿而坐的佛像，那一定是彌勒佛。

祂笑迎來自四面八方的信徒，真可謂「大肚能容，容天下難容之事；開口便笑，笑世間可笑之人。」人們一見到祂，就會被祂那坦蕩的笑容所感染而忘卻自身的各種煩惱。

相傳，彌勒佛原本是天竺南部人，彌勒為姓，阿逸多為名。彌勒在古代天竺語中有慈和、祥善的意思，而阿逸多則是無人能及、無往不勝的意思。其實，佛如其名，彌勒佛名字的寓意已經揭示了他的功德之心，即「慈心三昧」。別看彌勒佛形象邋遢隨便，但他可是出身婆羅門的貴族家庭。

彌勒佛在少年時期便跟隨釋迦牟尼四處傳道，雖然途中飽受磨難，但彌勒佛總是笑哈哈的，令身邊的人無論在多

彌勒戲嬰圖。

麼困苦的情況下都不會失去信心。最終，彌勒佛修成正果，列入佛位。

　　據說，彌勒佛的笑容十分神祕。曾有得道高僧說，在同一個時間、地點，如果從不同的角度觀察彌勒佛的笑容，會隨著觀察者的不同心境而看到不同的笑意：微笑、歡笑、嘻笑、譏笑、苦笑、嘲笑、假笑……

　　彌勒佛得道之後，曾主動申請幫助天庭的灶王爺下凡治理人間。彌勒佛來到人間的第一件事，不是佈施陰晴雨風，祛除病痛，而是敞著大肚子，笑呵呵地指引凡人過了一個愉快的新年。

　　於是，凡人便遵照彌勒佛的意願，每天吃好的，穿好的，不幹活，只享樂。不僅如此，彌勒佛還做了具體規定，制訂了享樂條列讓凡人遵守：農曆二十四，掃房子；農曆二十五，磨豆腐；農曆二十六，蒸饅頭；農曆二十七，買東西；農曆二十八，把豬殺；農曆二十九，打黃酒；農曆三十，吃餛飩。與此同時，彌勒佛很有「獨樂樂不如眾樂樂」的分享精神，不但帶領著凡人愉快的生活，還把各路神仙佛僧都請來，香箔紙錁一應俱全。每逢初一，家家都要起五更，放鞭炮，穿新衣，互祝賀，盡情吃喝玩樂。

　　在彌勒佛的治理下，人間變

中國神話中最大的神祇——玉皇大帝。

得太平無事，一派歡樂景象，但時間長了，卻引來專管茅房、糞土的髒神不滿。原來，人們在酬神的時候把髒神給忘了。髒神氣不過去找彌勒佛理論，只見彌勒佛滿臉堆著笑容，一絲也不搭腔，這可氣壞了髒神。

髒神一怒之下便跑到天庭告狀。

玉皇大帝得知來龍去脈以後，驚訝凡間竟只顧著享樂，什麼活也不做，一怒之下便召來彌勒佛責問道：「我命你管理人間，你為何放縱凡人享樂？」

彌勒佛笑嘻嘻地回答：「您要我管理他們的衣、食、住、行，可是並沒有要我叫他們幹活啊？」

這一句話著實令玉皇大帝無話可說，但彌勒佛的行為到底不能被天宮接受，於是，玉皇大帝撤回了彌勒佛管理民間的旨意，責罰他此後不能再踏入南天門。就這樣，一心為百姓著想的彌勒佛因此便留在了人間供養的寺廟當中。

小知識

彌勒佛，即彌勒菩薩摩柯薩，在佛教中被定義為佛陀佛陀的繼任者，稱為未來佛。有說彌勒佛將在未來婆娑世界降生為世尊，成為下一尊佛。而彌勒佛的思想體系，至今被奉為唯識學派的鼻祖。

一念成佛

傳說中的不死之城，是由善意佛打造的，這不死之城的背後，正是善意佛心中最無私無盡的善念。

善意佛年幼的時候已經展現出了非凡的智慧和善念，看到小動物被關起來供人觀賞，善意佛會命令身邊的侍從放牠們回歸自然，並教導身邊的人，凡是生靈皆有自由的權利，人們不可以為了一己私慾剝奪別人的快樂。

善意佛成佛前是身分尊貴的王子，奢華的王宮生活沒有使他沉迷，反而令他看破了生、老、病、死這四種徵兆。善意佛選擇出家修行擺脫世俗的生活，他騎著大象，穿著天神贈與的服裝離開了皇宮。

相傳，善意佛離開皇宮的時候，竟引來三萬人隨他出走修行，可見善意佛的修為和號召力。從此，善意佛和三萬沙門遁入深林開始修習苦行。

一天傍晚，善意佛離開所有的追隨者，獨自前往菩提樹下。路上，善意佛

南無善意佛。

遇見一位外道，這位外道給善意佛留下了八把稻草。與外道作別後，善意佛帶上稻草繼續趕路。當他到達菩提樹下，將稻草鋪在地上的瞬間，竟有一個三十尺的寶座赫然呈現。

善意佛接受天神的指引坐在寶座中間，此時他彷彿摒棄了任何干擾，自動修成無雙、無等、無比的佛法，並歡喜地誦出了「經多生的輪迴」為開篇的偈頌。這段偈頌是每位佛陀都能頌出的，這也意味著善意佛已修成自覺正果，列為無上佛陀。

成為佛陀的善意佛秉持著佛法的榮耀，開始了自己的說法生涯。

首先，善意佛考慮的是該為哪些人說法。善意佛在菩提樹附近停留了七七四十九天，最終，選擇接受大梵天的建議，決定為那些追隨他脫離世俗生活的三萬沙門，以及他的兄弟、親人說法，引導他們證得聖道、聖果和涅槃。

有了目標以後，善意佛立即啟程前往三萬沙門所在的地方。

沙門們看到善意佛已經修成佛陀正果歸來，無不為他歡呼慶祝，皆以一顆虔誠的心歡迎他的歸來。

沙門們接過善意佛的衣缽，並為他準備好說法的座位，然後向善意佛進行恭敬的禮拜。一切禮節完成之後，沙門們圍繞著善意佛各自安坐，準備聆聽善意佛的說法。

善意佛的說法其實很簡單，無非圍繞著「善」字，他教誨他的弟子們，要以善行為先，以善念做為修行的根本，善有善報，這才是不竭的道業。

善意佛的壽命是九萬歲，在此期間，他將無數的人類、天神和梵天神拯救出輪迴的苦海，送往涅槃的彼岸。之後，善意佛如西沉的月亮，

帶著他無所不知的智慧，以及無與倫比的法之財富——三十七道品、四種聖道果、四無礙解智等涅槃了。

善意佛曾在安伽羅苑證悟四聖諦，獲得巨大的聲望。於是，安伽羅苑建起了一座塔廟。塔廟是由紅色油膏的粉末混合油脂製成的，供奉著善意佛。

如同那些進入不死之境的佛陀一樣，善意佛的舍利如同黃金雕塑一般堅固不壞。這些舍利供奉在由閻浮洲人用七寶裝飾的塔廟中。

善意佛這樣竭盡一生修行，既展現了一個佛陀的本質精神，也是他能夠修成正果的根源。

小知識

善意佛，起源於古印度佛教。傳說有一尊佛叫吉祥佛，身體散發的光芒，能使一萬個世界的太陽、月亮、星辰、天神和梵天神都黯然失色。當吉祥佛進入涅槃狀態時，整個世界亦隨同墜入黑暗，吉祥佛涅槃後結生為善意佛，光明再次顯現。

放下執著心

有時候，慾望對人的誘惑足以讓人走向毀滅，而對慾望的執著本身就是罪惡。

放下心中的慾望，放下對慾望的執著，是心靈真正自由的不二法門。

「阿閦」是「不動如山」的意思，象徵意志堅定、一心求悟，因此，阿閦佛又稱為東方不動如來。

佛經記載，不動佛本是久遠劫之前東方阿比羅提國的一位教主，在成佛前，因侍奉大日如來，受其感化，修行成佛。他曾經發「於一切人民蜎飛蠕動之類不生瞋恚」等誓願，經過累劫的修行，終於在東方的阿比羅提（妙喜）世界七寶樹下成佛，佛剎名為「妙喜」。由於他的願力所感，佛剎中沒有三惡道，大地平正柔軟，一切人都行善事，環境極其殊勝。

有一位比丘感覺控制自己的情感十分困難，久而久之，產生了極大的心理負擔，最後，他決定離開僧團，回歸俗世的生活。

這位比丘帶著離開僧團的決定找到不動如來佛，請求不動如來佛解除誓言對自己的制約。

不動如來佛得知比丘的困惑後，對他說道：「我的孩子啊，你要當心，免得自己最終成為了慾望的犧牲品，你應該戰勝它，而不是被它控制。我能夠看到，你的前世因為慾望的罪過而承受了許多痛苦，如果你仍舊不能征服你的感覺和慾望，將因此毀壞自己的生命。」

比丘雖然理解不動如來佛的說法，但他仍舊無法克服心中所承受的

誘惑，堅持離開僧門還俗。

於是，不動如來佛又給比丘講了一個魚兒的故事：

一條魚兒在河水中與牠的伴侶相互嬉戲玩耍，看起來十分無憂無慮。魚兒的伴侶在前面游動，突然，牠看到了一張巨大的網正朝著牠們的方向張開，這位伴侶為了擺脫危險，迅速游開，逃離了。但是魚兒沒有發現危險，依然沉浸在喜悅裡，牠急切地一躍，竟直直地落入了網中。漁夫將魚兒打撈上來，魚兒悲苦地意識到牠的伴侶在危險的時刻背叛了自己，就向漁夫淒苦地抱怨：「這的確是我愚蠢的苦果。」漁夫聽不懂魚兒的語言，因此不會理解魚兒的心情。此時，恰好菩薩經過河邊，聽到了魚兒的話，救了魚兒一命。菩薩買走了這條可憐的魚兒，並對牠說：「如果不是我今天恰好看到你，你將失去寶貴的性命，我救了你，希望你從此之後能夠避免被慾望迷惑。」說罷，菩薩便將魚兒扔回水中。

比丘聽完不動如來佛的故事，內心受到了強烈的震撼，但面對慾望的牽引，心中的執著仍然無法完全放下。

不動如來佛彷彿看穿了比丘心中仍存顧慮，繼續對他說：「有一個人不小心掉進了深谷裡，他雙手在空中攀

阿閦佛。

抓，剛好抓住崖壁上枯樹的老枝，總算保住了性命。這個人懸蕩在半空中，正在進退維谷、不知如何是好的時候，忽然看到慈悲的佛陀，他立刻求佛陀救命。

『我可以救你，但是你要聽我的話。』佛陀慈祥地說。

『我全都聽你的。』

『好吧，那麼請你把攀住樹枝的手放下！』

此人一聽，心想，把手一放，勢必掉到萬丈深坑，跌得粉身碎骨，哪裡還保得住性命？因此，更加用力抓住樹枝不放。

佛陀看到此人執迷不悟，只好離去。

你與那個人一樣，放下才能得救，否則拼命執著，怎好救你脫離險境呢？」

比丘聽到不動如來佛一再開導，終於重拾修行的信心，對不動如來佛恭敬地行了跪拜禮之後，重新回到寺院進行修行。

小知識

不動如來佛，為五方佛中的東方佛。東方不動如來佛土是第二佛土，此佛土名喜悅淨土，藏文名稱意思為真樂，以真樂為名，是因生該土者即不再退轉，亦不變異。

最好的珍寶是自己

寶生佛的印契是滿願印，即左手持衣角當心，右手仰掌。修法時，觀想自身皆融成金色，此身即成寶生如來。並從頂上放金色光，現出無量金色菩薩，個個手中有如意寶，光照南方恆沙世界。眾生如遇此佛光，則所有願求皆得滿足。這種觀想法，也象徵寶生佛「滿足眾生所求」的本願。

　　在恆河河畔，住著一位德高望重的修行僧人，他智慧超群，廣為人們所敬重。他有五百名弟子跟隨，這些弟子都是博覽群書、聰穎過人，但悟性始終有所欠缺。

　　某天，五百名弟子討論起什麼是世界上最珍貴的寶物，他們各抒己見，希望能找出一件珍寶，幫助自己功德圓滿、升入天國。

　　有的弟子說：「世界上最寶貴的，當然是金銀珠寶！水晶、琉璃、寶石、明珠，在任何地方都是又漂亮又珍貴。」

　　有的弟子不贊同，說：「那些都是死的，而且又不是僅此一件，活物肯定更貴重！像鳳凰、蛟龍、天馬、貔貅等神獸，世間罕有，你那些珠寶算什麼？」

　　另外一些弟子則對前兩種觀點嗤之

寶生佛。

53

以鼻，反對道：「沒有日月星辰，哪來萬物，你們要懂得感恩，陽光和雨露才是世間最寶貴的東西！」

每個人都有自己的道理，大家爭得面紅耳赤，卻始終得不出結論，只好去找師父評判。

高僧笑瞇瞇地聽弟子說明來意，點頭道：「你們說得都沒錯。南方世界有十六大國、八萬四千個小國，金銀珠寶、神獸神花、日月星辰都是珍寶，也是每個國家的吉祥物。」

弟子們不解其意，就請示道：「那麼，師父，還有沒有更珍惜的寶物，能幫助我們修為提升，在死後升入天界呢？」

沒想到這一問，連修為高深的高僧也犯了難，他想了又想，如實回答：「古往今來，還沒有聽說有這樣一件珍寶存在。你們可以去問一問遠處密林裡的一位出家人。他修行多年，如今正在菩提樹下靜思，據說他已經開六神通，若真如此，那他的智慧遠在我之上。」

於是，眾師徒就結成浩浩蕩蕩的隊伍，前往遠方密林求教。當他們來到菩提樹下時，一個個都嚇呆了。

只見整棵菩提樹散發著耀眼的金光，在金光的中央，坐著一位慈眉善目的佛陀，他左手持金鈴，當眾僧靠近時，鈴鐺響起清脆的聲音，彷彿在歡迎眾人的到來。

眾僧心生崇敬之情，趕緊雙掌合十對佛陀敬禮。佛陀早已知曉眾人來意，將手輕輕一揮。

瞬間，弟子們先前所討論的各種珍寶一一呈現，地上舖滿閃耀的寶石、鳳凰和蛟龍在天空盤旋、神花散發出令人心醉的香味、甘露滋潤著人們的心田。

眾僧驚嘆不已，可是等他們再度眨眼時，那些珍寶竟又離奇消失了。

大家均發出驚呼聲。

佛陀笑著問眾人：「這麼多珍寶在，你們升天了嗎？」

「沒有！」大家慚愧地低頭，回答道。

佛陀又說：「我乃寶生佛，可生出世間所有珍寶，你們來找我，是為了追求那些奇珍異寶嗎？」

「不是！」眾僧急切地澄清，「我們是為了尋求升天之道而來，非追求世間財富。」

寶生佛微笑點頭，啟示道：「一念成佛，最珍貴之物並不在外物，而在你們自身。我有一套妙法傳於你們，只要日夜唸誦，必能修成正果。」

眾人一聽，滿心歡喜，願意追隨寶生佛左右，後來他們精進修持，果然成佛。

小知識

寶生如來佛，是五方佛中的南方佛，象徵著大日如來五智中的第三智，即平等性智，表福德，又名「南方福德聚寶生如來」。寶生如來佛位於南方歡喜世界，以摩尼寶福德聚功德滿足眾生一切願望。

化解每一個人的煩惱

不空成就，即意味著一切想做的事皆能輕易成就，諸行圓滿。不空成就佛透過自身的努力，幫助千千萬萬世人化解難以解除的煩惱，令世人獲得心靈的自由。

不空成就佛，代表成所作智，其佛土為第五佛土，名勝樂淨土，意思是圓滿，表示一切想做的事都能輕易完成。

不空成就佛轉化的煩惱是嫉妒，嫉妒消失，成就自來。所以，不空成就佛的寶座由一種名叫「CHUCUOG」的動物抬著，此動物有時是水牛，有時是桑桑鳥。前者象徵嫉妒，後者象徵成就。這是因為古時人們出海尋寶，如果能夠聽到桑桑鳥的叫聲，即使沒有見到牠，也能有所收穫。在唐卡中，不空成就佛面為綠色，含有一本尊行多種行的意思，祂手持雙金剛，指向四方，意味著無論何處，祂都沒有不能成就之事。

相傳，有一個小和尚，從小跟隨不空成就佛出家。在他九歲時，一天不空成就佛出門了，他在大殿裡坐不住，就找師兄玩。

他在方丈室找到了比他大兩歲的師兄，發現師兄正在哭泣。

小和尚問：「你為什麼哭呀？」

師兄解釋說：「這個櫃子裡有師父最喜歡的東西，他常常拿出來自己欣賞，就是不讓我看。今天師父出門，我實在忍不住，就把櫃子打開，看到是個瓷器，也拿在手裡玩一玩，沒想到把瓷器摔碎了！」

小和尚安慰他說：「師兄，你別哭，碎瓷器交給我，就算是我摔的。」

師兄說：「我怎麼報答你呢？師父讓我看守方丈室，給我帶了饅頭，

我給你吃吧！」

這樣，饅頭歸小和尚吃，瓷器也算是小和尚摔的。

小和尚把瓷器的碎片用布包好，放在口袋裡。

不空成就佛回來後問：「你在用功嗎？」

小和尚說：「我今天在大殿裡參禪，非常用心地參一個問題。」

不空成就佛問：「你參什麼問題？」

小和尚說：「我在參有沒有一個不死的人？」

不空成就佛像。

不空成就佛說：「我的傻徒弟，哪有不死的人呢？」

小和尚說：「原來是這樣啊！人都是要死的，那東西有沒有長存的呢？」

不空成就佛說：「東西也一樣啊，無情的東西也是無常的，因緣聚了就有，因緣散了就壞。」

小和尚說：「這樣的話，我們心愛的東西壞了，我們是不是也不該傷心呢？」

不空成就佛說：「對呀！自己心愛的東西，因緣散了就沒有了，傷心有什麼用呢？時間、因緣到了就會壞掉，沒有辦法挽回。」

小和尚說：「我這兒剛好有一個緣散就壞了的東西。」

小和尚把口袋裡的碎瓷片交給不空成就佛，不空成就佛一笑了之，沒有發脾氣。

我們知道，好的故事裡都有道理、規律在裡面，有智慧的人單單聽故事，就會明白人生。不空成就佛的舉動正印證了「佛法是容納一切的，你真正能圓融一切的時候，你才有佛法。」

小知識

《佛名釋典傳略》記載，不空成就佛代表毗盧遮那佛（釋迦牟尼佛的法身）之「成所作智」，多化現寶綠色、金色，常現駕馭大鵬金翅鳥之像，可以降伏惡龍、毒蛇；也象徵能以大智慧成就一切如來事業與眾生之事業。佛門修行者遭煩惱所惑，只要仰賴不空成就佛的佛力加持，能夠自利利他，而使一切眾生遠離煩惱。

叛教入佛門

佛法無邊，回頭是岸。因有此崇敬心態，促成了長耳定光仙成佛的因緣。

定光歡喜佛在皈依佛門前，本屬截教弟子，被稱為長耳定光仙。《封神演義》中出了很多叛徒，如果稱長耳定光仙為第二，絕對沒有人敢說自己是第一。長耳定光仙叛教完全出於對佛門的崇敬心意，並不像其他「叛徒」那樣為了一己私慾。

長耳定光仙第一次感嘆佛門正氣是在佛陀對戰通天教主時，長耳定光仙見自己的教主被佛陀的神力震懾，不僅沒有憤怒，反而因佛陀身上的萬道霞光，千條瑞彩暗自感嘆：實在是浩然正氣，真乃闡教也。

後來，在截教和佛教交戰之時，長耳定光仙身為截教通天教主的親信，理所應當地被派去送戰書。要知道，古時候兩軍交戰，送戰書的使者不僅僅只是一名送信員，他實際的責任應該是偵查敵軍軍情。長耳定光仙沒有查看軍情，當他見到佛陀時，竟然「撲通」一下伏跪在地，雙手將戰書呈於佛陀。

雖說長耳定光仙此舉是為了表示對佛陀的尊重，但從他的身分和立場來說，簡直丟盡了截教的顏面。

此時，雖然長耳定光仙對通天教主依然敬重，但他對佛教的嚮往使他在兩軍交戰時開始偏袒佛教。

據說，為了能夠戰勝佛門，通天教主費盡心力拜來了姜子牙、老子、

佛陀、武王、接引道人、準提道人六人的魂魄，這六魂的威力來自六人的命符，是截教反敗為勝的唯一機會。

長耳定光仙做為通天教主的親信，肩負著重大使命——守護這裝著六魂的法器。可是長耳定光仙想來想去，一方面想著通天教主對自己恩重如山，不該背叛截教；一方面又考慮到如果佛陀等人因此魂飛魄散，那世間要少六位得道高人。在心理極端矛盾下，最終，長耳定光仙明白了一個道理：佛陀等左右門人，共十二代弟子，皆為道德之士，昨天又見到西方教主三顆舍利頂上光華，實在是佛法無邊。這樣一來，長耳定光仙不僅沒有遵守通天教主的命令，看護好六魂，反而主動抱著法器跑到敵方陣營，獻出這唯一能取勝的法寶。

有長耳定光仙這個身在曹營心在漢「叛徒」，截教戰敗自然無可避免。

長耳定光仙自知無法留在截教了，況且他的心思早已跟隨佛法而去，出家遁入佛門是遲早的事情。

佛陀明白長耳定光仙為佛教所做的貢獻，便派人將長耳定光仙引到佛門。而後，長耳定光仙被封為定光歡喜佛。

最後，如願成佛的長耳定光仙以修歡喜禪法參透了無邊佛緣。

小知識

印度密教傳說，定光歡喜佛「毗那夜迦」殘忍成性，釋迦牟尼派觀世音化為美女和「毗那夜迦」交媾，醉於女色的「毗那夜迦」終為美女征服而皈依佛教，成為佛壇上眾金剛的主尊。

赤足贖罪

「人生在世如身處荊棘之中，心不動人不妄動，不動則不傷；如心動則人妄動，傷其身痛其骨，於是體會到世間諸般痛苦。」在修行中也要體會身體之苦，只有擺脫對痛苦的恐懼，方能從罪惡中拯救自己。

在佛門修行中，金剛不壞佛告誡弟子，每個人都有往生的罪惡，想要修成正果，成就聖位，必須進行苦行，擺脫過去的罪惡。

修行中有一項是赤足修行，這實在是對身體極限的一種挑戰，赤足走在路上，隨時都可能被石子和樹枝割破腳掌的。

有一次，金剛不壞佛在外面赤著腳到處走動。年長的比丘們看到至福者赤腳修行走路，於是紛紛效仿，脫掉自己的鞋子同樣赤腳而行。但是剛皈依佛門的新比丘卻無法適應赤腳修行的方式，都不肯效仿年長的比丘。因此，佛門裡形成了一種奇特的現象，要判斷一位比丘皈依佛門的時間長短，只要看他是否穿鞋，年長的無鞋，新來的穿鞋。

一些年長的比丘看到新來的比丘們整天穿著鞋子到處走，認為這是對佛門的不敬，便跑去告訴金剛不壞佛。

金剛不壞佛聽後，說道：「你們在我尚未圓寂時，都不能夠誠心禮佛，甚至兄弟們彼此之間不敬不禮，如果我有天圓寂

行腳僧。

了，你們該如何呢？」

金剛不壞佛想到比丘們對真理的繁榮與旺仍沒有正確認識，於是繼續說道：「比丘們，在塵世的往來中，人們依靠手藝維持生計，也有依靠自己苦行的出家者，他們都需要承擔痛苦，忍受折磨，才能夠深刻的體會自己的人生。人生在世並不是讓我們享樂的，我們往生至此，所帶有的罪惡會令我們心靈無法平靜，只有擺脫心靈的困惑，忘卻身體的痛苦，才能修成正果。因此，你們拋棄了塵世，將整個生命投入到宗教和修行中。那麼，你們的光亮將照耀前方，但願你們能夠遵守得體的行為規範，對自己的修行能夠嚴格對待，只有這樣，才能夠擺脫身體上的罪惡。我告誡你們這些，是為了你們在未來對人要更為周全、尊重恭謙，也是為了你們能早日刻苦修行，擺脫罪惡，贖盡苦難。」

新來的比丘們聽到金剛不壞佛的這一教導，紛紛將自己的鞋子脫了下來，開始赤足修行。

此後，在佛門裡無論新、老比丘，都是以赤足進行修行，他們忍受身體上的痛苦，在赤足的艱苦中體會人生的困苦，並以此贖盡罪惡，在修行中證得生命真諦。

🌸 小知識

金剛不壞佛，又名南無能摧金剛藏如來，在佛教集會中通常位於佛陀上方，雙手結說法印，身穿比丘三衣，端坐在蓮花月輪寶座上，此佛能消除過去生中一萬劫的罪業。

苦難中徹悟

「大悲無淚，大悟無言，大笑無聲。」 大悲是無盡的慈悲，不是感情，所以
不能用淚來形容；大悟就是開大智慧，這個智慧不是言語能表達的；大笑就
是真正的高興，內心的喜悅又怎麼是笑聲能表達的呢？

　　從前有一個詩人，長著一雙洞悉真理的慧眼，他信仰佛陀，佛陀的
佛法為他帶來了心靈的寧靜，並在痛苦時為他提供安慰。

　　那年，這位詩人所在的國家發生了瘟疫，幾乎每一刻都有人因感染
瘟疫而離世，活著的人也是在恐懼中聊以度日。很多人因恐懼而戰慄，
即使沒有感染瘟疫也被死亡的恐懼摧毀心靈。

　　此時，都城中突然出現了一群狂歡慶祝的人，這群人大聲喊道：「讓
我們今朝有酒今朝醉，誰知道明天我們是否還會活著。」顯然，這群狂
歡慶祝的人並不是因為內心真正的愉悅而歡笑，這僅僅是一種及時行樂
的偽裝和粉飾。

　　在這段瘟疫時期，每個人的心靈都在接受疾病的考驗，這位詩人卻
一如往常，他平靜專一，讀書散步，盡力幫忙照顧患病之人，用藥物和
宗教安撫那些感染瘟疫的病患。

　　有一天，一個精神接近崩潰的人找到了這位詩人，他對詩人說：「我
的心靈受到了刺激，整日處在緊張不安的狀態中，我不但為家人的性命
擔憂，我還為自己擔憂。我需要克服我的恐慌，請您幫助我。」

　　詩人回答：「只有心懷同情才能夠得到幫助，你執著地以自我為中
心，是不可能解放內心的，苦難磨練的是人的靈魂，你看到別人受苦的

時候，為何還不能忘記自己內心那些卑劣的慾念？」

　　這個人慚愧地離去後，詩人感嘆那些狂歡作樂的人，心中充滿了憂傷，便命弟子找來紙墨作詩道：

如果你沒有在佛陀處找到庇護所，

沒有在涅槃中找到平安，

你的生命只有空虛──空無和荒涼的虛空。

要明白世界無價值，要知道生命是空無。

這塵世和人僅僅是個幻影，對天堂的希望也是海市蜃樓。

尋求快樂的世人如同籠中鳥兒，

以俗世之樂滿足自己。

佛教聖人恰似野鶴向著太陽飛翔。

籠中之鳥不愁食，不久卻成盤中餐。

野鶴沒有人給食，然而天地均屬牠。

　　弟子對詩不能完全理解，就問詩人意思，詩人解釋說：「世事艱辛，給人們教訓，但世人對此並不為意。」說罷，詩人又寫下了另一首詩：

改過自新為善，勸人改過自新亦為善。

塵世萬物都將消逝一空。

就讓他人忙碌終生，慎重入殮吧。

我心思寧靜，純淨無慾。

世人追求快樂，卻不滿足於此。

他們垂涎財富，永不知足。

他們如同木偶，被繩子牽住。

繩子斷裂，他們便重重摔倒在地。

在死亡的領地內，既無偉大亦無渺小。

金銀珠寶被棄用。

高矮之間無分別。

日日都有人葬於芳草地下。

看哪，太陽落在西山後。

你躺下休息，但很快雞鳴天亮。

今天就改過自新吧，不要等到歲月蹉跎時。

不要說時候太早，因為歲月如電飛逝。

改過自新為善，勸人改過自新亦為善。

活出正義生命為善，庇護在佛陀之名中亦為善。

如此你的才能通達九天，你的財富數不勝數。

但是如果你沒有達到涅槃，一切均是徒勞。

　　詩人的兩首詩不知不覺被弟子們傳了出去，城中每一個百姓讀到這兩首詩都彷彿受到了心靈的洗禮。漸漸地，那些歡慶的人不再假裝作樂了，那些悲戚的人不再消極了，每個人都勇敢平靜地面對死亡，並共同

對抗瘟疫。終於，百姓們戰勝了瘟疫，而詩人也在這場瘟疫中修成了正果。

　　這位詩人即是寶光佛，他心中對過去有罪孽無法割捨，故回到過去化解自己的罪孽。在這次瘟疫的考驗下，寶光佛真正的通達了內心，化解了心中的困惑，修得佛果。

小知識

　　寶光佛，又名寶焰如來，位於佛陀的東方，東方即佛陀的前方，其身紅色，雙手結定印，持誦佛號的功德，能消過去生中三萬劫的罪業。

師父的考驗

唸佛、持咒，嘴上唸，心裡不唸，有什麼用呢？修行的圓滿不在於形式的改變，而是在心的改變。

　　龍尊王佛有一位虔誠的弟子，對自己的修行信心十足，他曾對其他的弟子立下誓約，要在隱修地完成靜修功課。

　　修行之時，這位弟子感到筋疲力盡，於是他對自己說道：「佛陀曾經說過人分幾種，我一定屬於那個最低級的人。我很擔心自己的一生既沒有修成正道也沒有成果。如果我不能透過持續不斷的努力達到靜修中的覺悟，那麼，將我自身投入到這片荒野中的意義又在哪裡呢？」

　　於是，這位弟子返回了精舍。

　　他的師兄弟們看到他無功而返，激勵他說：「你發過誓言的，卻不盡力去實現，你這是對佛的不敬，會產生罪孽的。」隨後，將這位弟子帶到龍尊王佛面前。

　　龍尊王佛一看到他們便說：「你們將這位違背誓言的弟兄帶來這裡，他都做了什麼呢？」

　　一位弟子回答：「佛啊，這位兄弟，他曾發誓要獻身真理，但他放棄了成為僧團一員的努力，又返回了這裡。」

　　於是，龍尊王佛轉而問他：「你真的放棄了嗎？」

　　弟子回答道：「是的，我放棄了。」

　　龍尊王佛微笑著說道：「你的現世生命是一個榮耀的階段，如果

龍尊王佛。

現在你沒有達到歡喜狀態，在你未來的人世中你將不得不承受懊悔的折磨。你為什麼會猶豫不決呢？」

這位弟子聽到龍尊王佛的指點，重新堅定了自己的決心。這一次，他選擇了一片荒蕪人煙的沙漠修行。

他來到一片綿延數千里的沙漠中，這片沙漠中的沙子質地十分好，緊握拳頭都不能握住。

每天太陽升高的時候，沙漠便形成千里赤地，無人敢在上面行走。所以，那些不得不穿過沙漠中的人要隨車帶上木材、水、油及大米，以便白天休息，夜晚行走。這位弟子卻從不分日夜，正午最炎熱難耐的時候，他也會盤腿打坐在沙地上，承受難以想像的痛苦，到了夜裡涼爽的時候，弟子則是休息和趕路。不知經過了多少日夜，有一天早上，這位弟子發現很快就要穿過這片沙漠了。

這天沙漠卻颳起了龍捲風，無數飛沙如同猛龍一般撲捲吞噬而來，弟子無處可避，面對惡劣的自然條件，他只驚慌了片刻便從容下來，重

新席地打坐,唸誦著佛經。他告訴自己,生死有命,一切自有安排。

眼看龍捲風就要將弟子整個人捲在空中吞噬撕裂,但他依然臉色淡然,似乎真正超脫了凡塵的生、老、病、死。

就在這時,一切狂風沙塵突然靜止了,轉眼變作一場傾盆大雨,立即緩解了沙漠的酷熱和乾燥。

弟子緩緩睜開雙眼,只見一隻白色大龍盤旋在空中,施風佈雨。原來,這場龍捲風正是龍尊王佛對弟子的最後考驗,看到弟子已經修成正果,龍王便現出真身佈施了一場暴雨為弟子洗去疲憊。

小知識

龍尊王佛,又名龍自在王如來,位於東南方,面頸白色,身臂藍色,雙手結說法印。龍尊王佛在過去世成佛後,壽命達四四〇〇〇萬年,渡盡了世間天人,功德無量。

歷盡磨難終成佛

無論修何種法，沒有菩提心，根本沒有成就的可能，若發此心，一切皆能具足，一定能夠成佛。

玄奘的本名叫陳褘，出生在富裕的官宦人家，但他與佛家有緣，很小就出家為僧。

他進入法門寺後一心想修練成佛，可是過了好久好久依舊是一名平凡的和尚。

玄奘西行圖。

一天，有人對他說：「在法門寺這種有名的地方，優秀的人很多，想出人頭地是很困難的，你不如換個地方，投靠那些偏僻的寺廟，你很快就能脫穎而出。」

玄奘認為他說得有道理，就找方丈辭行。

方丈知道玄奘是個有前途的人，問清原因後就帶著他來到寺廟後面的一個山坡。

他指著坡上稀稀疏疏的幾棵矮樹問：「你知道這些樹為什麼長成這樣嗎？」玄奘搖了搖頭。

「在這裡，陽光充足，不乏雨露！」說著，方丈又帶他去了另一個地方，這裡，樹木繁多，都長得又高又大。

方丈又問：「你知道為什麼這些樹長成這樣嗎？」玄奘還是搖了搖頭。

　　「這裡樹木眾多，每棵樹要想獲得充足的陽光，吸收更多的養料，就得拼命向上長，結果都長得很好。」方丈話鋒一轉，「法門寺正如這片樹林，充滿了競爭，只有在這裡你才會最終長成蒼天大樹的。」

　　玄奘立刻領悟，再也不離開了。

　　他刻苦學習佛法，經常思考經卷上的佛學問題，佛學修養也越來越高。可是，隨著研究的深入，很多難以解決的問題也擺在了他面前。特別是當時攝論、地論兩家關於法相之說各異，玄奘遂產生了去印度求《瑜迦師地論》以會通一切的念頭。

　　唐太宗貞觀三年（西元六二九年），玄奘自長安出發去印度取經，時年二十八歲。

　　當時的政府明令不許百姓私自出國，各主要道路關隘的稽查很嚴，然而玄奘意志堅決，冒著殺頭的危險踏上取經之路。

　　走到甘肅西部，快到玉門關（唐朝邊境的最後一道關卡）的時候，

玄奘譯經圖

玄奘騎的馬死了，隨行的兩個小和尚離開了，官府的差役又追了上來。玄奘躲在客棧裡，心急如焚。州官李昌拿著追捕文書走了進來，問道：「師父就是玄奘吧？」玄奘猶豫了一下，沉默不語。

李昌說：「師父不必隱瞞，弟子敬慕佛法已久。」玄奘見李昌態度誠懇，就說出了自己的名字。李昌聽後，撕碎了追捕文書，說：「師父趕快走吧，天黑就出不了關了。」玄奘又驚又喜，趕緊離開客棧，奔向玉門關。

玄奘曾在瓜州買到一匹馬，但苦於無人做嚮導。恰好此時，胡人石磐陀來請玄奘為他受戒，並自願為玄奘帶路。

經過幾天的日夜兼程，石磐陀竟開始擔心玄奘被官府捉到而把他供出來（當時協助偷渡過境是死罪），惹來殺身之禍，遂產生了殺師叛逃的惡念。

一天夜裡，玄奘剛躺下睡覺，突然感覺有人正向他走來，定睛一看，是石磐陀。石磐陀抽出刀，向他逼近，走過來，又返回，又走過來，又返回。唐僧知道石磐陀已經動了殺機，此刻不論是厲聲斥責，還是乞求饒命，都會激起他的殺心。於是，玄奘靜靜地躺著，閉目不視。見此情景，石磐陀竟不敢下手，徘徊良久終於還刀入鞘。

第二天早晨，石磐陀向玄奘坦白交代了自己昨晚的意圖。玄奘把買來的好馬送給石磐陀，自己騎著老胡人送的老馬離開了。

玄奘出了大唐的國土，又經過了沙漠。在沙漠裡，除了滿目黃沙，一個行人都看不到，人、獸的骨骸便是生靈的行跡，玄奘毫不退縮，發誓道：「寧可向西走一步就死去，也絕不向東一步以求生」，繼續向著西邊堅定前進。

有一次，經過沙漠時，玄奘在葫蘆灘內迷了路。他在大沙漠中四處尋路未果，在葫蘆灘內轉起了圈圈，始終無法找出出路，而自己帶來的乾糧和水也都用完了，體力也沒辦法支撐下去了，只得坐在沙漠上，長長悲嘆一聲：自己佛法未得，卻可能葬身在此，被野獸所食……正絕望的時候，天無絕人之路，突然飛來兩隻雁，在他頭上對他不斷地叫著，似乎有意助他一臂之力。玄奘心中抱著希望，站起來對牠們恭敬地致禮

說：「我乃大唐僧人玄奘，去西天取經，迷路於此。神雁若能引我出葫蘆灘，將來回到長安必定為你們建塔致謝。」

大雁點點頭，好像聽懂了他的話，在他前頭慢慢地飛行，一路把他引出葫蘆灘。找到出路後，大雁才拍拍翅膀離開了。玄奘成功從天竺取回經後，想起了兩隻大雁在沙漠中指點迷途的大恩，沒有忘記自己的諾言，就修建了大雁塔。

玄奘在取經的路上，除了這些自然和人為的阻撓，還時常有一些妖魔鬼怪阻擋。這要從一個流言說起，不知何時起，流傳一種說法，吃唐僧（玄奘）

西天取經圖

肉可長生不老，那些渴望永生的妖怪紛紛垂涎唐僧肉，這也令玄奘取經路上多了重重阻礙。

後來，歷經九九八十一難的玄奘終於來到了西方聖土取得了真經。

在取經路上，玄奘表現出超乎常人的毅力與慈悲令他修成佛果，如來佛祖封他為旃檀功德佛。

🌸小知識

旃檀功德佛，即唐僧，是《西遊記》中的主要人物，其原型為唐朝西行取經的玄奘法師，與鳩摩羅什、真諦並稱為中國佛教三大翻譯家，是唯識宗的創始者之一。曾翻譯《般若波羅蜜多心經》。

生病的比丘

在找到智慧之前得先找到快樂，找到快樂之前得先找到自己。人要尋求最高的覺悟，得先明白自己與時空的關係。如果我們能看清「苦」的真相，瞭解苦由何處而生，由何處消逝，那麼便容易做到不讓苦形成，也就能夠控制苦。

　　一位比丘有一段時間一直受到病痛的折磨，這種疾病非常令人討厭，使他的形象和氣味令人作嘔，沒有人願意靠近他，也沒有人在他沮喪之時幫助他。恰好此時，無量掬光佛來到這位比丘所在的寺廟，聽說了這位比丘的事情，便讓弟子準備了熱水。他來到生病比丘的房間，親手清理比丘的傷口，並對他的弟子們說：「我們來到這個世間是為了善待窮人，援助弱者，醫治那些身體受到折磨的病患。這些人有的相信佛陀存在，有的不相信，但同為世人，都是我們需要拯救的對象。光亮送給盲人，智慧啟迪蒙昧者的心靈，維護年老者及孤兒寡母的權利，這才是我們修行所應做的事情。」

　　無量掬光佛親自照顧一位比丘的事蹟很快流傳開來，有一位權勢者特地來到寺廟詢問。

　　無量掬光佛回答道：「過去，有個邪惡的國王，他常常從臣民那裡勒索他認為有用的東西。有一次他命令一個官員鞭打一個身分顯赫的人。這個官員沒有考慮到強加在別人身上的鞭打是何感受，只是順從國王的命令。這位因國王怒火受到牽連的人苦苦哀求，請求官員憐憫自己。官員十分同情他，只是輕輕地鞭打了這個身分顯赫的人。而今，國

王重生轉世，原本追隨他的人都已經離他而去，無人再容忍他的嚴厲，他只能在痛苦中死去，心中充滿怨恨。而那個官員便是這個生病的比丘，只因他經常冒犯寺中其他的比丘，引來他人不悅，在他生病之時無人願意理睬幫助他。而那位因不公正被迫挨打的可憐人便是我，我重生轉世來幫助比丘，只因他曾經同情憐憫過我。」

無量掬光佛說罷，開示道：「故意控告無辜的人將會承受十倍的痛苦災難，但是如果他學會了忍耐，他將變得純潔，他的痛苦將得到減輕。」

生病的比丘恰好也聽到了這番言論，開始反思自己過去的所作所為，並向無量掬光佛承認自己過去脾氣乖戾，並為此深深的懊悔自責，立誓要重新改過。此後，這位從心裡得到清潔的比丘身體上的疾病也漸漸好轉，最終從病痛的折磨中走了出來。

無量掬光佛完成了自己的使命，告別比丘，離開這座寺廟以後，又帶著自己的弟子繼續修行之旅。

小知識

無量掬光佛，又名南無無邊威光如來，如來佛三十五佛眾之一，位於北方，其身紅色，雙手結說法印，持誦佛號的功德，能消過去生中毀壞塔寺的罪業。

佛門鬥士

「生死熾然，苦惱無量；發大乘心，普濟一切，願代眾生，受無量苦，令諸眾生，畢竟大樂。」在取經路上，有艱險、有誤解，堅持才能最終修成正果。

在東勝瀛洲之外有個傲來國，國近大海，海中有座名山叫做花果山。花果山頂上有一塊仙石。其石有三丈六尺五寸高，應了三百六十五日的周天；寬有兩丈四尺，對應了二十四氣。上有九竅八孔，對應了九宮八卦。這塊石頭無遮無蔽，每天接受天地日月之精華，竟然有了靈氣，內中孕育出一個仙胞。有一日靈石迸裂，產出石卵化為一個石猴。石猴出世，眼中射出兩道金光，金光直射到天庭，竟然驚動了玉皇大帝。這個石猴，便是無人不知的孫悟空了，牠是集天地精華而生，不屬於天、地、人三界，一開始便是固有規則外的產物。

孫悟空後來拜師學藝，習得了無數神通，回到花果山做了牠的逍遙大王。後來因為嫌沒有合意的武器，跑去大鬧水晶宮，逼得東海龍王敖廣奉上了東海之寶——定海神針。後又因為不願自己的壽命被地府管轄，便強入地府，逼著閻王在生死簿上將大大小小的猴兒們一概勾去，從而免去了猴兒們生、老、病、死之苦，也令自己成為了三界都管不了的人。

然而，本來井然有序的天界規則怎麼能夠容許一個石頭裡蹦出來的猴子破壞呢？玉皇大帝決定將孫悟空收歸到原本的系統中來，祂依照太白金星的計謀，邀請孫悟空上天受職，讓牠做了弼馬溫。

原以為給了孫悟空天界官職已經是天大的恩惠，但眾神仙並不知道，孫悟空心高氣傲，絕不甘於人下。一日祂無意中得知，弼馬溫不過是天界一個不入流的小官，才知自己被人輕視，一怒之下，打出南天門，回到了自己的花果山。

　　回了花果山，自尊自傲的孫悟空立刻自封為「齊天大聖」，要表示自己與天齊高，豈能將玉皇大帝的小小官職放在眼中。那邊天界中的玉皇大帝知道孫悟空叛逃下界，哪裡能夠容忍有人不按祂的規則辦事，立刻派人前來捉拿。誰知道，各路神仙都不是孫悟空的對手，損兵折將。玉皇大帝無奈，只能聽從了太白金星的建議，將孫悟空封為了「齊天大聖」，又命牠管理蟠桃園。

　　就這樣，孫悟空再一次進入了天界的固有體系之中，但牠畢竟是個天性驕傲之人，從不肯有半點被委屈輕視之處。王母娘娘舉辦蟠桃盛會，獨獨忘記了這位「齊天大聖」，氣得孫悟空大鬧蟠桃會，將酒食一掃而光，隨後又乾脆入了太上老君的府邸，將太上老君辛苦煉製的金丹吃了個乾淨。牠心知自己闖下大禍，乾脆又逃回花果山，打算依舊過自己佔山為王的日子。

　　天庭發現孫悟空再次犯下大錯，立刻派人前來捉拿。神仙們使出全部解數，終於將孫悟空捉回了天庭。然而，令祂們更頭痛的事卻來了，無論刀劈火燒，都奈何不了孫悟空，最後只能將牠放入了太上老君的煉丹爐，希望能煉化牠。可是孫悟空天生就銅頭鐵臂，七七四十九天的三昧真火也對他無用，還被他衝出爐子，執起金箍棒，大鬧天宮，將靈霄寶殿打了個稀巴爛。最後，玉皇大帝無計可施，只能到西天請來了如來佛祖，將孫悟空壓在了五行山下，才算正式收服了牠。

後來，唐僧將孫悟空從五行山下救出，收為了徒弟。

西天取經，經歷了九九八十一難，解決每一難，孫悟空幾乎都是主力，想辦法訂策略，親自操刀實施。

打打殺殺是孫悟空的家常便飯，從最初的大鬧天宮和地府，到殺六賊，三打白骨精，最後擒玉兔，從天上打到地下，從東方打到西方，孫悟空自出生好像就沒有消停過，除了自己的用金箍棒打架，拔下毫毛變身，還藉助各種外在力量，幫助自己戰鬥。幾乎所有能夠利用的戰爭資

日本江戶時代末期著名浮世繪畫家月岡芳年所畫的《通俗西遊記——唐三藏與孫悟空師徒。

源，都會被牠派上用場。

　　孫悟空雖然本事高強，又天生好鬥，但也不是常勝軍，有時候也會被打得丟盔卸甲，狼狽不堪。牠曾經被紅孩兒放火燒了個半死，連翻跟頭的力氣都沒了；被楊二郎哮天犬咬了一口；獅駝嶺大戰好像也沒有討到什麼便宜。但勝敗乃兵家常事，孫悟空是不會吃眼前虧的，打不過就跑，就去搬救兵。

　　歷盡千辛萬苦，西天取經成功，論功行賞後，孫悟空被提拔為鬥戰勝佛。

　　把合適的人安排在合適的崗位上，可以說是再適合不過了。

※ 小知識

　　鬥戰勝佛，如來佛三十五佛眾之一，在《西遊記》中歷經九九八十一難的孫悟空最後被封為鬥戰勝佛。「佛」是「覺悟者」的意思，孫悟空的受封於西方極樂世界，從佛家的觀點來看，「佛」是最高的悟道者，其次是「菩薩」，再者「羅漢」，從悟道的程度來看，孫悟空是超過五百羅漢。

月光的善

「無始以來乃至今，不善業與五無間，煩惱心力所使然，所有罪業皆懺悔，禮拜供養與懺悔，隨喜祈請及祈禱，我所積聚微妙善，為證菩提悉迴向。」

在修行上，寶月光佛積善成德，以月光淨化世人心靈的污垢。

有一個修道者，之前長期生活在愚昧無知中，無人開化他，備受世間俗塵雜事的煩擾，漸漸變得自暴自棄了。

一天夜裡，他在外散步，望著皎潔無垢的月光，心中頓時變得清明起來，突然覺悟：「一個人在這塵世中浮沉，終究能獲得什麼呢？在這龐大的宇宙中，人只是微小得如恆河中的沙粒，整日將心思用在爭奪和欺詐上，最後到死化成灰燼，什麼都帶不走，人生究竟有什麼意義呢？」

想到這裡，他又繼續向前走，此時的月色似乎更明亮了一些。他眺望著遠處的山峰，只見半山腰隱隱約約現出一座寺廟，就由此想到修道者的生活。這些人為眾生而工作，是何等的偉大！生前不會被世事所困擾，將來還可獲得解脫的聖果。

第二天，修行者離開家做了沙門。

做了沙門以後，他每天早起晚睡，認真修學，一點也不敢懈怠，他以回憶過去的生活和憧憬未來的聖果做為修道的鞭策。可是一年一年過去了，他還沒有證得聖果，便開始心懷疑惑：「難道這些修行都不對嗎？」他想著想著，竟恐懼起來：「別因此誤入歧途著魔啊！唉！不如回家做個凡夫算了，又何必這樣苦苦修行呢？」

當他打定主意，準備回家的時候，又猶豫了。

成功和失敗就在於一念之間的定奪。這一走，幾年來的辛苦學道，將付諸流水，永遠失去悟道的希望了。如果能再鼓起勇氣前進，或許會有成就吧！去與留的念頭在他心中翻騰的時候，觸動了山中的樹神。

樹神受寶月光佛所託，前來點化這人，現在知道了他的思想情況，很為他擔憂，認為他這樣回去，會永淪生死的大海。樹神決定用點小神通試試他，挽回他的意志，助他成就道業。

於是，樹神化成一個美貌的比丘尼，穿上豔麗的衣服，佩戴珍貴的飾品，扭身弄姿走到修道者的面前。

修道者一看，正顏厲色地責問道：「妳是個比丘尼，一個出家敬佛的人，怎麼可以穿戴俗人的衣飾，來迷惑人的眼目呢？」

比丘尼答道：「這有什麼關係？衣服、裝飾品都是幻化的，脂粉是顏料做的，這有什麼可貪的呢？就連你的身體不也是假象嗎？眼前看來青春健壯，等到無常一到，地、水、火、風分散，哪有真正的主人呢？一個人在世界上，赤身來也赤身去，沒有一件真正屬於你。愚癡的眾生，在虛幻不實的境界中貪著、迷戀著，以致自己束縛著自己。所以說，那不是境界迷人，實在是人自迷而不覺；不是煩惱纏人，而是人找麻煩來自纏。他們為虛幻不實的境物所迷，終生如夢如醉如癡，卻日夜怨天尤人，不知苦不是本有，那是自己惡業招來的。眾生是可憐的，他們偶爾造些善因，得到樂報就沾沾自喜，就不知樂報也是假的，快樂很難永隨身邊，災禍卻如影隨形，片刻不離。想求得自在永樂，必須了悟生死，遠離貪慾。佛法說：人住家庭如坐牢獄，天在三界的最上層也如牢獄。唯有諸佛菩薩觀照諸法空相，息滅人我差別的偏見，才是最究竟的常樂

境界。」

　　比丘尼滔滔不絕的一番話，像一桶淨水澆淋在修道者的心上，他細細品味每一句話的意義，覺悟到諸法本空，住在世界上就如客居他鄉，看十方眾生，實在沒有親疏可言。

　　修道者由此心胸豁朗，捨卻罣礙，一本初衷，認真學道，終於得大自在。

小知識

　　寶月光佛，又名南無寶月光如來，如來佛三十五佛眾之一，位於佛陀的西北方，其形象為通身白色，右手觸地印，左手定印，持誦佛號的功德，能消過去生中一劫的罪業。

送故事的人

「美玉藏頑石，蓮花出淤泥。須生煩惱處，悟得即菩提。」凡有奢求必得煩惱，所以不要去追求什麼，只問自己該做什麼。求心安，求解脫，首先應該做明白人，知道自己真正需要的是什麼。

每個神佛都有自己獨特之處，要說財功德佛的妙處，即是他能將無邊佛法化作一個個簡短的小故事，弟子們有困惑的時候都很喜歡找他。

修道需要人具有克服艱難困苦的毅力，從而拒絕種種慾望的誘惑。

一個年輕的弟子曾被一個女子迷惑，每當他打坐沉思時，內心都無法平靜，總會想起她。這令弟子困惑不已，他找到財功德佛，說出了自己的煩惱。

財功德佛聽到弟子的訴說，只是會心一笑，然後對弟子講了一個故事：

佛陀的弟子阿難深受佛陀的喜愛。

一次，他被佛陀派出去說法，在路過一個村莊的時候，正巧村口有一口井。阿難看見一個女孩坐在井邊，就上前請女孩佈施自己一點水喝。

女孩看到阿難的衣著打扮，說道：「婆羅門，我地位低下，身分卑微，請不要求我給你任何服務，免得你神聖的身分被我玷污。」

阿難回答：「我所要的不是階層而是水。」聽聞此言，女孩的心因喜悅而跳動，立刻盛來水送給阿難。

阿難喝了水，謝過女孩便繼續上路了，但女孩卻一直在遠處尾隨著阿難。

聽說阿難是佛陀的弟子之後，女孩便到精舍找到了佛陀。

女孩見到佛陀，哭泣道：「請幫幫我，請讓我生活在您的弟子阿難住的地方，這樣我就可以看到他並且照顧他了，因為我愛他。」

佛陀理解女孩心中的感情，說道：「孩子，妳的心中充滿了愛，但是妳不瞭解自己的感情。妳愛的並不是我的弟子阿難，而是愛他的善行。那麼，接受他在妳身上的善行，在妳謙卑的階層裡也將善行施予他人身上。」

佛陀停頓一會兒，繼續說道：「當一個仁慈慷慨的國王對奴隸行善時，他的確有偉大的美德。但當一個奴隸不理會他所遭受的不公，反而對一切人都滿懷著善意和好心，在他身上則有更偉大的美德。他會帶著同情心去憐憫那些無助者。妳是受祝福的，孩子，儘管妳身分低下，但妳將成為紳士和貴婦的榜樣。妳出身低等階層，但是婆羅門可以從妳那裡學到美德。不要偏離公道和正義之路，如此，王座上女王所有的高貴榮耀在妳面前也將黯然失色。」

女孩接受了佛陀的開導，明白自己

阿難尊者立像。

85

對阿難的感情只是源於心中的感動，便離開了。

　　財功德佛講完這個故事，弟子似有所悟，明白自己對女子的感情也是受到女子身上某種善念的吸引。從此以後，弟子又回到了專心修道的狀態，再也沒有因此女子而感到困惑。

🪷 小知識

　　財功德佛，如來佛三十五佛眾之一，位於佛陀的西南方，其身藍色，雙手結定印，因財富而成佛，持誦佛號的功德，能消過去生中由煩惱習氣所造作的罪業。

虔心得救助

「心若調適，道可得矣。於道若暴，暴即身疲。其身若疲，意即生惱，行即退矣。其行即退，罪必加矣。但清淨安樂，道不失矣。」修行一旦悔退，罪業必定增加。只有心身清淨，道才不會失去。

　　從前有一位修道人，他出生的時候世上已經沒有佛法傳佈了，但他還是苦心尋求正道佛法，希望可以找到正確的解脫之道。

　　在修道人尋找修行之法又苦無門路的時候，空中忽然有個洪亮的聲音對他說：「你要仔細聽，從這裡往東方六十萬里，有個叫做善住的國王。佛陀曾在他的國家出世，佛教一度傳遍各地。可惜佛陀涅槃後，佛法漸漸衰落，現在全國連一所佛寺都沒有了。那裡住著一個貧窮的女人，長得非常醜陋，可是她會說半句佛陀的偈語，現在她想傳授給別人，你就去聽取那半句偈語吧！」說完，空中便寂然無聲了。

　　修道人毫不遲疑地踏上前往東方的道路。他日日夜夜趕路，走得腿腫起來，腳也裂開，鞋子外滲著血跡。

　　有一天黃昏，前方忽然傳來一陣悽慘的叫聲，修道人跑上前一看，立刻被眼前的景象嚇呆了。原來，面前有一大片望不到邊際的沼澤地。

　　修道人心想：「剛才的叫聲悽慘無比，一定是什麼人被吞沒了！」想到這裡，他便覺毛骨悚然，渾身發抖。

　　這時候，從他頭頂飛過一隻烏鴉，停在沼澤地上歇息，沒想到一停在上面便沉了下去，一下子就沒了蹤影。

修道人當場愣在那，內心沮喪極了。他想：「看樣子我是過不去了，得不到佛陀的偈語，如何使佛法發揚光大呢？」

修道人低下頭，看看自己破爛的衣服和腳上血肉模糊的傷口，一陣陣疼痛傳遍全身，他心裡想道：「我今天就死在這裡好了！佛陀啊，我為此而捨棄生命，死得其所！」想完，就朝眼前的沼澤地走去。

當他雙腳踏上淤泥的時候，奇蹟發生了，腳下出現一條潔白筆直的平坦大道，大道直通東方，通到看不見的天邊。

修道人心中很高興，頓時忘掉所受的煩惱痛苦，快速奔跑在大道上，越走越興奮，很快到了善住王的國家，找到了那個醜陋的女人。

那位醜陋女子住在一間茅草屋裡，一見修道人就問：「遠方而來的客人，你找我有什麼事？」

「我是專門來拜您為師的。」修道人凝視著她，恭敬地跪在她面前，心裡想著：「這女人長得這麼醜卻懂得偈語，真是奇怪！」

那醜女問：「你要跟我學什麼呢？」

修道人仍然恭敬地說：「弟子是來跟師父您學知識的。」

「我沒有什麼好教你的，我只會半句偈語。」醜女回答。

修道人一聽，高興地說：「我從六十萬里以外的地方來投師，一路上歷經艱辛，就是為了向您學這半句偈語，以振興佛教大法！」

「那好吧！你坐下來慢慢聽。」

修道人連忙坐好，專心等待女子說那句佛偈。

女子唸誦道：「一切惡事切莫為，半點善德皆奉行。」

修道人聽完，一陣清涼歡喜的感覺遍佈全身，銘刻心中。

女子問道：「記住了嗎？」

修道人答道：「不但記住了，而且理解精通了。」

「很好，你已經得到神通了，回去吧！」

女子說完，便不再出聲。

修道人獲得了神通，很快就回到自己的國家。他到處宣講這句偈語，積了許多功德，並得到堅信不移的心志。

從此，所有妖魔鬼怪都依著偈語的教義接受教化，人們又重新皈依佛法，國家得到神佛的保佑，於是風調雨順，災禍都被消除了。

修道人說：「從前不知道這句偈語的時候，我一直處在生死輪迴的痛苦之中，現在求到了偈語，無論是為眾人講解佛經，或是做任何善事，都更加堅定對佛法的信念。」

這個修道人就是現無愚佛，他的事蹟從此被流傳下來，他的功德也深深銘記在人們心中。

小知識

現無愚佛，如來佛三十五佛眾之一，位於佛陀的北方，其身綠色，右手於胸前，做無畏印，左手定印，持誦佛號的功德，能消過去生中宣說四聖眾過失的罪業。

自在修行

若起精進心，是妄精進；若能心不妄，精進無有涯。

佛陀在世的時候，經常外出遊歷，隨緣渡眾生。

有一次，他遊歷到占波國境內，在一個名叫雷聲池的湖邊住下。

雷聲池的風景格外迷人，夏季多雨，這裡常有很響亮的雷聲，久久在湖面上迴盪，所以得名。

由於風景優美，依山傍水的雷聲池又很幽靜，漸漸吸引了許多修行者來修行，南無那羅延佛就是其中之一。

南無那羅延佛在雷聲池畔找了一個幽靜的地方，獨自修行。他奉行以苦行獲得解脫的修行方式，常常不分晝夜地赤著雙腳在山林中快速行走，就算腳被石頭劃破、被荊棘割傷，也不停下。

南無那羅延佛辛苦修行，但他內心的慾望並沒有因此消除，心中的痛苦無法得到解脫，反而更加苦惱了。

一天，南無那羅延佛心想：「我這樣吃苦修行，從不因痛苦退縮，這個世界上恐怕找不到第二人了。可是為什麼我心中還有慾望沒有清除？對了，我家有產業，累積了不少財富，我應該回去把財物都佈施給他人，這樣對我的修行應該大有益處。」於是，南無那羅延佛決定回家把財產全部施捨出去。

南無那羅延佛的家距離雷聲池不遠，他立刻回到家中，不顧家人勸阻，向路人及僧侶施捨財物。此刻，他什麼也不想，只盼著施捨完財產

盡快修得正道。

　　佛陀知道了南無那羅延佛廣施財物的事，也明白他心中所想，覺得應該點化這位認真的苦行僧，於是前往南無那羅延佛的家。

　　佛陀來到剛發放完財物的南無那羅延佛面前，對他說：

　　「我聽說你未出家時，彈得一手好琴，是嗎？」

　　「是的，我以前很會彈琴。」

　　南無那羅延佛知道，眼前這位慈眉善目的人就是佛陀，雖然他選擇的修行方式與佛陀宣導的不一樣，但南無那羅延佛對佛陀還是很尊敬的。

　　佛陀又問：「假如你的手指不停地撥動琴弦，使琴弦發出急促的聲響，這樣的琴聲好不好聽？」

　　南無那羅延佛回答：「這樣彈奏的琴手不是好琴手，彈出的音樂也不會好聽。」

佛陀與十六應真弟子。

　　「那麼，如果你的手指一直很慢地撥動琴弦，這樣的琴聲好不好聽呢？」

　　「這樣彈奏的琴手也不是好琴手，而且彈出的音樂也不好聽。」

佛陀接著問：「如果一個琴手按照音樂的節拍旋律，有快有慢地彈奏，彈出的音樂會怎樣？」

南無那羅延佛認真回答：「這樣的琴手才是好琴手，彈出的樂聲會很動聽。」

南無那羅延佛隱約感受到佛陀想教他些什麼，所以摒住呼吸，全神貫注地等待佛陀開口。

果然，佛陀慢慢開了口，對南無那羅延佛說：

「一個人在修行時，為了更快得到正果，急功近利，是不能擺脫痛苦慾念的。如果一個人對修行懈怠，從不努力，同樣也得不到正果。只有處於兩者之間，既不急躁也不懈怠，適當的修行，才是真正的修行，持續努力一定會得到解脫。」

南無那羅延佛聽了佛陀的話，大受啟發。他又重新回到雷聲池湖畔，按照佛陀的提示認真修行，歷經一萬劫的苦難後，終於修成正果。

🌸 小知識

南無那羅延佛，如來佛三十五佛眾之一，上方離愛世界之那羅延佛，身黃色，結說法印。頂禮此佛可消除一萬大劫之罪障。

認識自己

本能中那些致人死命的力量，亂人心意的慾望，曖昧的念頭，使你墮落使你自行毀滅。在人生追求的過程當中，應保持知足的心態，心靈安定才是最大的幸福。

　　每個人都難免沾上惡習，令自己迷失。有時當事人未必能意識到自己的惡習，就像裝過酒的酒瓶，雖然酒倒光了，瓶中仍有酒味。

　　善遊步功德佛的經歷印證了這種情況。他曾五百次投生在高貴的婆羅門，造成了他驕傲輕慢的個性。

　　「我可是五百世的貴人福種，你這區區幾十年的暴發戶又算什麼？」在家世方面，善遊步功德佛總如此鄙視比他低下的人。

　　一天，善遊步功德佛獨自到恆河岸邊觀賞風景。恆河水神見到有佛降臨，連忙迎接表示恭敬。

　　恆河水神對善遊步功德佛說：「難得您來到此地，我榮幸萬分……」

　　善遊步功德佛看了恆河水神一眼，輕蔑地說：「你區區小神，竟還站在這裡講話，還不立刻讓河水斷流，方便我過河！」

　　講話被善遊步功德佛打斷，令恆河水神十分生氣，聽到這樣無禮的要求，更是火冒三丈，他說：「你如此沒有禮貌，會因此後悔的。」

　　善遊步功德佛冷笑道：「小河神，我難道怕你不成？」

　　因為這件事，恆河水神怒氣沖沖地跑到精舍向佛陀告狀：「世尊，有個佛聖者到恆河水邊，我以禮待之，他竟命我斷流讓他過河，口氣狂

妄，實在無法無天！」

佛陀靜靜聽完恆河水神的抱怨，寬慰道：「你不必生氣了，我讓他向你賠禮道歉，讓他懺悔自己的過錯。」說完，佛陀和水神一起來到恆河岸邊。

佛陀見到善遊步功德佛，對他進行了一番教誨。

善遊步功德佛聽到佛陀的教誨，也意識到了自己的錯誤，於是向水神道歉：「小河神，對不起！」

「佛陀，您看！他還是叫我小河神啊！」恆河水神更加憤怒了。

佛陀嘆道：「善遊步功德佛並不是有意的，這是他累世的習氣。」

無奈之下，恆河水神只好回到了恆河水宮去了。

佛陀轉身對善遊步功德佛說：「身為佛，壞習氣難道還要保留下去嗎？過去有一個婆羅門一連罵了我五百次，他可痛快極了，以為我會生氣，沒想到我毫不生氣。他又一連讚美我五百次，以為我會高興，沒想到我也毫無高興之意，他只好走了。只要能斷除煩惱和不良的習氣，一切事情不管好壞都沒有什麼不同，根本不會影響到自己的心情！」

佛陀的教導令善遊步功德佛忽然醒悟，他最終發覺到自己身上的不足，修成了真正的佛。

小知識

善遊步功德佛，如來佛三十五佛眾之一，持誦此佛號的功德，能消過去生中，教唆他人造作惡業的罪業。

無心之過

「心田要多播善的種子，多一粒善的種子，就減少一株雜草。及時行善，以免心裡再起壞念頭。凡是做善拖延的人，內心不易與惡事絕緣。」雖然犯錯，但誠心改過以後，也可以尋回人生的價值。

舍衛國住著一個老人，日子過得十分艱苦。後來，老人受到佛陀教義的啟發，和兒子一起出家，老人當了比丘，兒子當小沙彌，兩人成了師徒。

這天，老比丘帶著小沙彌一起化緣，師徒二人不知不覺越走越遠，等想回去時，天已經快黑了。

師父年紀大，走得很慢，徒弟就攙著師父走。

天色越來越黑，他們來到一座樹林中，已經伸手不見五指了，只能聽見二人行走的腳步聲和樹葉的沙沙聲，還有遠方傳來的野獸淒厲的叫聲。

小沙彌知道樹林中常有野獸出沒，為了維護師父，就緊緊抱住師父的肩膀，連扶帶推地快步向樹林邊緣走去。

師父年老力衰，東奔西走了一整天，早就累得走不動了，加上看不清楚道路，小沙彌情急的一推之下，一個踉蹌跌倒在地，頭撞在石頭上，一下就死去了

小沙彌看到師父倒在地上，趕忙把他拉起來，見他沒什麼反應，才

發覺師父已經死了，不由得大吃一驚，失聲痛哭。

天亮以後，小沙彌獨自一人回到寺廟。

寺裡的比丘們知道事情的經過後，紛紛譴責小沙彌：「都是你不小心，害死了自己的父親。竟然把自己的父親推去撞石頭，真是個不孝子！」

小沙彌有口難辯，心中覺得很委屈，就去找佛陀訴苦。

佛陀讓小沙彌坐下，說道：「你要說的話我全都知道了，師父的死不是你的錯。」

話雖如此，小沙彌還是眉頭皺緊，內心充滿了自責。

佛陀繼續說：「我講個故事給你聽吧！過去有個父親生了重病，兒子很著急，到處求醫問藥。每天他服侍父親吃過藥後，就扶父親上床躺下，讓父親睡個好覺。可是他住的是一間茅草屋，地上又潮濕，引來許多蚊蠅，整天嗡嗡地飛來飛去，打擾父親睡眠。兒子見父親在床上睡不著，就找來蒼蠅拍到處追打蚊蠅，卻怎麼也打不完。

兒子又急又氣，轉身抄起一根大棍子揮舞著，對著空中的蚊蠅拼命追打。恰巧有一隻蚊蠅停在父親的鼻子上，兒子一時沒看清楚，一棍子打去，父親連哼都來不及哼一聲，就死去了。」

小沙彌聽了，心裡很同情這個好心辦錯事的兒子。

佛陀停了一會兒說：「孝順的兒子在無意中傷人性命，只能算是一個意外，不能因此指責兒子是殺人犯，否則可就冤枉人了。」

佛陀看到小沙彌聽得很認真，似乎有所感悟，就進一步問：「用力推師父，怕師父遭到野獸的襲擊，想趕快離開樹林，並不是心存惡念，故意傷害他性命，對嗎？」小沙彌點頭稱是。

自從得到佛陀的開解，小沙彌更加勤奮修行。後來，他證得佛位，即是寶華遊步佛。

小知識

　　寶華遊步佛，又名南無寶蓮花善能鎮伏如來，為如來佛三十五佛眾之一，位於佛陀的西方，其身紅黃色，右手施護印，左手說法印，持誦佛號的功德，能消過去生中譭謗佛法的罪業。

寶塔聽經

此經能救一切眾生者……如清涼池能滿一切諸渴乏者，如寒得火，如裸者得衣，如商人得主，如子得母，如渡得船，如病得醫，如暗得燈，如貧得寶，如民得王，如賈客得海，如炬除暗。此法華經亦復如是，能令眾生離一切苦，一切病痛，能解一切生死之縛。

在東方娑婆世界，有一位護持《妙法蓮花經》的佛，他便是多寶如來。

多年來，多寶如來精心守護《妙法蓮花經》，並希望有人能夠對自己宣講這部高深的經文。

《妙法蓮花經》是經中之王，其所述內容至高無上，所以一直等到多寶如來涅槃，也無人能宣說這部無上法經。

多寶如來遺憾不已，在生命的最後時刻，他許下宏大的願望：有朝一日娑婆世界舉行法華會場，即便已入涅槃，也一定要前往。

隨即，多寶如來入滅，弟子們驚訝地發現，多寶如來在火化後，竟然留下了全身舍利。

弟子們崇尚多寶如來的高深佛德，遂建立七寶塔，將他的全身舍利藏於塔內，供奉於佛寺中。

一天，佛陀準備在娑婆世界宣講《妙法蓮花經》，當日他剛開講了一會兒，空中便傳來雷鳴般的讚美聲：「善哉！善哉！世尊以眾生平等之理念講經，確如經中所述眾生皆可成佛，果然妙哉！」

話音剛落，天邊轟隆隆響起雷聲。

眾人都好奇地抬起頭觀望，不由得嚇了一跳。

原來天上並沒有打雷，而是移來一尊巨大的寶塔。這座寶塔高五百尺、寬兩百五十尺。塔身上下綴著金銀珠寶，連窗戶都是用琉璃製成，在塔上掛有無數瓔珞與寶鈴，因此寶塔散發出璀璨的光芒，還伴有悅耳的樂聲，彷彿在歡迎某位尊者從遠方的到來。

一時間，在場所有的佛門弟子都驚訝不已，因為他們已經認出這座佛塔是供奉舍利的佛塔，但不明白為何寶塔會浮現在空中，似乎並沒有菩薩去支配它。

儘管滿腹狐疑，大家還是覺得此番現象異常神聖，便趕緊對著佛塔朝拜。天上的雨神則連降三十三天曼陀羅花雨，百姓和妖魔也以各種方式來迎接佛塔的到來。

不過，眾人始終不明白這座寶塔為何會拔地而起，佛陀笑道：「這座塔裡供的就是多寶佛啊！他涅槃後留下全身舍利，希望即便涅槃，也能在十方國土內出席法華經法會，因此才

多寶佛。

攜寶塔現身，聆聽經文。」

弟子們這才恍然大悟，有人提議想看一看多寶如來的法身。

佛陀回答道：「多寶佛在生前許過大願，要想讓他的真身出現，必須讓講頌《妙法蓮花經》的這位如來會集其在各個角落的分身。」

眾人聽聞，內心又是激動又是欽佩，紛紛合掌請求道：「世尊！我們也想看您在十方世界講經的法身啊！」

佛陀點頭。

剎那間，一縷白色毫光從佛陀的眉間射出，於是眾人清楚地看見佛陀的真身散布在恆河沙數國中，那些分身得到感應，便對西方眾菩薩說：「我要去東方娑婆世界了，那裡有我的真身，還有多寶佛的寶塔。」

說完這些話，他的分身就迅速來到娑婆世界，一齊坐於蓮花寶座上。

多寶如來見願望即將實現，歡欣雀躍，讓娑婆世界在一瞬間變得清澈美妙，三惡道被趕出娑婆世界，在塵世間，琉璃鋪滿了地面，金銀珠寶累積得到處都是，地上長滿了掛著瓔珞和彩花的寶樹。

眾人頓時被多寶如來的神力所深深折服。

佛陀打開寶塔的正門，讓眾生得以看到塔內的多寶如來。

只見多寶如來端坐於獅子座上，雙目緊閉，彷彿入定一般。儘管他沒有睜眼，卻從腹中發出催促之音：「快講吧！我可是專門為聽《妙法蓮花經》而特地趕過來的！」

佛陀微微一笑，坐在多寶如來身邊，開始傳授經文。當經文講完後，佛陀大聲對弟子說：「我即將涅槃，今日請讓眾人常唸這部《妙法蓮花經》，如此才是真正的佛門弟子，才是對我和多寶如來的最大供奉。」

佛陀說完，就涅槃了，寶塔隨即關上，重新落回地面。

人們感謝多寶如來為世間創造了財富，也為敬重佛陀，便經常誦讀《妙法蓮花經》，以紀念這兩位功德無量的佛祖世尊。

小知識

多寶如來，又稱多寶佛，是《妙法蓮花經》的護持者。佛經中說，信奉多寶如來能使人消除一切疾病和貧窮，事事順利，快速致富；死後不會墜入地獄道、惡鬼道、畜生道，而是會投向西方極樂世界。

第二章

菩薩的徹悟

菩薩是「菩提薩埵」(Bodhisatta) 的簡稱。

菩提譯為「覺」，這一詞來自於菩提樹，因佛陀在菩提樹下大徹大悟；薩埵譯為「有情」。

菩薩，便是覺有情，有情是指有情愛與情性的生物。

將自己和一切眾生從愚癡中解脫出來，而得到徹底的覺悟（自覺覺他），這種人便叫做菩薩。

菩薩是眾生成佛的必經身分，眾生要成佛，必須先發大願心，最主要的有四條，稱為四宏誓願：「眾生無邊誓願渡，煩惱無盡誓願斷，法門無量誓願學，佛道無上誓願成。」可見，要成為一個名副其實的菩薩，並不容易。

捨生救世

「觀音菩薩妙難酬，清淨莊嚴累劫修，浩浩紅蓮安足下，彎彎秋月鎖眉頭，瓶中甘露常遍灑，手裡楊枝不計秋，千處祈求千處應，苦海常作渡人舟。」
觀音菩薩大慈大悲的精神早已深入人心，但她修道成佛的過程卻十分痛苦。

　　過去時劫中，阿彌陀佛為轉輪聖王時，育有一位太子，名「不眴」，具有大悲心。當寶藏如來為轉輪王授記時，不眴太子上前對如來說：「佛祖，我今日發願，願我行菩薩道時，遭受苦難的眾生，如果能夠憶著我，唸著我的名號，我就能夠聽到、看到他，為他們解脫苦難。如果我不能

觀音菩薩像。

解除他們的苦難，那麼我終不成就佛果。佛祖，我還要為眾生發最殊勝的大願，祈願轉輪王在西方淨土世界渡化眾生，涅槃之後仍然住世。我將在無量壽佛分滅之後，即可成就佛果，繼續渡化眾生。」

　　寶藏如來聽罷，立刻為他授記，並說：「你觀察一切眾生苦難，起大悲心。為了解除他們的苦惱，為了讓他們安樂，我為你命名『觀世音』。在無

量壽佛涅槃後，他的佛國轉名為『一切珍寶所成就』世界，到那時，你將在菩提樹下成佛，號為『遍出一切光明功德山王如來』。」

這一故事出自《悲華經》，講述觀世音菩薩以大慈大悲普渡眾生、備受眾生崇仰的緣由。

佛教傳入中國，特別是唐宋以後，觀音菩薩的原型由印度王子不眴變成了西域興林國妙莊王的三公主，並演繹出了一段故事——

相傳，興林國的國王有兩個女兒，他熱切期望王后能給自己生下一個兒子，就這樣，身為三公主的妙善在娘胎裡就被賦予了強烈的期待。從皇后懷孕之初的種種跡象來看——不僅皇宮御花園中百花盛開，皇后還夢到了明珠投懷的吉兆，註定了妙善公主將有不平凡的一生。可惜農曆二月十九這天，妙善的降生徹底打碎了國王想要一個兒子的期望。

妙善公主的出生並沒有為家人帶來歡樂，反而險些被渴望繼承人的妙莊王——也就是自己的親生父親殺死。

也許妙善公主的降生伴隨著蓮花盛開、異香撲鼻的喜慶徵兆，又或者妙莊王對自己的骨肉起了惻隱之心，妙善公主最終躲過這一劫。

妙善公主出生後一直啼哭不止，宮中太醫們診斷後堅稱三公主沒有病。無奈之下，妙莊王只好命人張貼皇榜尋求高人診治。

這一天，不知從哪裡來了一位得道高人，看過妙善公主以後，對妙莊王說：「公主眼神中有悲憫情懷，是為眾生而哭。」接著，他向妙善公主唸了一首詩：

佛在靈山莫遠求，　人人有個靈山塔，
靈山只在汝心頭。　好向靈山塔下修。

《觀世音菩薩普門品》中所描繪的拯救眾生的場景。

說來也巧，妙善公主果真停止哭泣。

這件事情也預示著妙善公主與眾不同的佛緣。

妙善自懂事起就虔信佛法，一心出家修行，可是妙莊王堅決阻止女兒這樣做。妙善不肯依從父王，經常到廟中聽佛法。

妙莊王十分生氣，一怒之下放火燒了寺廟，將寺中五百名僧人全都燒死。由於做了惡業，妙莊王身上長了五百個大膿瘡，什麼大夫都看不好，什麼藥物也沒有效。

最後，有一位大夫來到王宮，向妙莊王獻上醫治之法，這就是用他的親骨肉的一隻眼、一隻手做藥。

這件事傳到三位公主耳中，大公主和二公主都很害怕，她們無論如何也不肯捨棄自己的眼和手。而三公主妙善聽了，立刻表示願意獻出自己的眼和手為父王治病。可是，誰也不敢挖她的眼，砍她的手，於是她就自己挖出眼睛，砍斷手臂，送給父王做藥。

妙莊王服用藥物後，身上的膿瘡轉瞬消失，身體康復如初。

妙善的善行感動佛，佛召見她，為她開示：「妳捨了一隻眼、一隻手，我就還妳一千隻眼、一千隻手。」果然，妙善長出千手千眼，成為眾生崇敬的觀世音菩薩。

有一次，觀世音菩薩聽佛講《廣大圓滿無礙大悲心陀羅尼經》時，感悟眾生的苦難和煩惱多種多樣，為了利益一切眾生，他發誓願：「若我當來堪能利益安樂一切眾生者，令我即時身千手千眼具足」。誓願畢，果真長出千身千手，其中具足如意寶珠、日精摩尼寶珠、葡萄手、甘露手、白佛手、楊柳枝手等。

轉世拾得

「戒師文殊，周婆普賢，隨肩搭背，萬世流傳。」在後世相傳的聖者歌中，菩薩應世，不僅代表著凡間世人的禮讚，更是一種菩薩大願精神的展現！

普賢菩薩乘六牙白象圖。

天臺山國清寺的豐干禪師生得胖胖的，有七尺多高，身上只穿著一件布袍。他的頭髮不是用剃刀剃，而是直接用剪刀剪，額上的頭髮垂下來，與眼眉齊平，相貌顯得十分古怪。

有人向他請教佛法，他只說：「隨時，隨時。」

一天，豐干禪師行走在赤城路邊，突然聽到不遠處的草叢中傳來了啼哭聲，就循著哭聲去找，發現了一個十來歲的孩子，不知是迷了路還是被家人遺棄。

豐干禪師見狀，上前詢問男孩的姓名，男孩回答：「我無家、無姓亦無名。」

豐干禪師感慨男孩身世可憐，

就將他帶回國清寺，交給典座僧收養，並給他取名叫「拾得」。

年少的拾得在國清寺住下以後，早起晚睡，勤勞節儉，加上本就聰明伶俐，與寺中僧人相處得很好。

三年之後，住持僧派拾得管理食堂的香燈，並執掌寺中繁瑣雜事。

有一次，拾得的傻氣發作了，他登上高座，跟佛菩薩像對盤而食，嘴裡還嚷著說：「你這個小果聲聞，沒出息！」不料此舉被知庫靈熠禪師看見了，他將拾得狠狠訓斥了一番，責備他對聖像不恭，隨後罷免了拾得齋堂香燈的職位，罰他去廚房清洗碗碟。

故此，拾得與寒山子便有了粥飯因緣。

寒山子原本居住在寒岩，時常到國清寺去。拾得在寺院的齋堂擔任行堂，專門打理開飯、擦桌子和洗碗筷的工作，時常把僧眾吃剩的粥、飯、菜滓，收入一個竹筒裡，等到寒山子一來，便把竹筒交給他，讓他扛回去。

寒山子長年穿著一件破布衫，面容枯槁憔悴，頭上戴著樺皮冠，腳下拖著一雙大木屐，舉止瘋癲，行蹤不定。他經常在寺院的長廊裡晃來晃去，不時地大叫：「快活呀！快活！」有時手指著虛空，沒頭沒腦地亂罵。寺裡的人有些討厭他，有人甚至拿起手杖追打他，寒山子一邊躲閃，一邊拍手大笑。

拾得與摯友寒山子相互來往的時候，從未研習過佛法的他竟能滔滔不絕地談論佛法，可是人們不信，反而譏笑怒罵他，甚至會責打他。

寒山子見了，問拾得：「世間人穢我、欺我、辱我、笑我、輕我、賤我、惡我、騙我，我該如何對他？」

拾得想也沒想，答道：「只有忍他、由他、避他、耐他、敬他、不

要理他，再過幾年，你且看他。」

國清寺裡有一座護伽藍神廟，當人們入廚做工的時候，食物往往被烏鴉們啄走，還留下東一堆西一堆的鳥糞，弄得一塌糊塗。

拾得見了，豎起眉頭，拿起手杖，狠狠地打了神像幾下，嘴裡大聲罵道：「祢連食物都不能保護，還護什麼法？」這一晚，全寺的僧人都夢見護伽藍神向他們訴苦：「拾得打我！拾得打我！」到了第二天，大家談論起來，才知道人人都做了相同的夢，全寺的僧人莫不驚奇，這才瞭解拾得不是一個凡人。

有一次，拾得去田莊牧牛，他騎上牛背悠閒地唱著歌，突然發現寺裡的人正在舉行布薩禮（在六齋日持誦戒律而增長善法謂之布薩），就把牛群趕到僧人聚集的堂前。他靠著門邊，拍掌大笑，嘴裡嚷道：「那些死去的僧人，食了寺門的千家飯，反而不肯修行，不僅對不起寺門，也對不起施主。如今死後投胎做牛，還要為寺門服勞役，這不是報應嗎？今天，我看到輪迴生死的眾生，正在這裡聚頭呢！」

拾得的舉動引得說戒的和尚極為不滿，他厲聲呵斥拾得對佛祖不敬，並怒罵拾得：「你這卑劣的瘋小子，竟然破壞我說戒！」拾得見說戒的和尚此時已偏離了正道，起了嗔念之心，當即反駁：「無嗔即是戒，心淨即出家，我性與你合，一切法無差。」說戒的和尚看到拾得始終嬉皮笑臉，氣得跑下堂位，喊著要驅打拾得，並要拾得趕牛群離開大堂。

拾得聽到要趕牛群，大叫道：「這群牛是寺裡的應赴僧，都有自己的法號，不信，看我叫牠們出來。」說罷，當即對牛群說道：「前生律師弘靖請站出來！」果真有一頭白牛應聲而出。接著又喊道：「前生典座光超請出來。」又有一頭黑牛聞聲走來。拾得每叫出一個僧名，就有

一頭牛「哞」的一聲答應下來。最後，他牽著一頭牛對眾人說：「前生不持戒，人面而畜心，汝合招此咎，怨恨於何人，佛力雖廣大，汝卻辜佛恩。」

在場的眾人見狀十分震驚，當即發心修行，再也不敢懈怠了。

有個叫閭丘胤的官員，奉了皇帝的御旨要去臺州做刺史。臨行時，他忽然患了頭風病，痛得呼天搶地，請了好多醫生都無計可施。該當是他命中有救，豐干禪師從國清寺來到他的府第，聲稱自己可以治療此種疾病。

閭丘胤急忙請他醫治，只見豐干禪師拿起一杯清水，既

日本畫家長沢蘆雪所繪的《寒山拾得圖》。

不畫符，也不唸咒，只是含了一口清水，出其不意地向閭丘胤迎頭噴去，閭丘胤的頭風病從此就好了。

閭丘胤急忙伏地拜謝說：「禪師，您真是天臺山上的聖賢僧啊！」

豐干禪師說：「我這點本領算不得什麼，有兩位真正的大德，你卻沒有發現。」

閭丘胤忙問：「請大師明示！」

豐干禪師說：「國清寺的拾得和寒山子外表看起來像個貧子，其實是真正的菩薩！」說完，便辭別而去。

閭丘胤也立即啟程，沒有幾天光景便到達臺州。他到任後的第三日，就前往國清寺拜訪，向寺裡的僧人詢問說：「這裡是不是有個豐干禪師？拾得和寒山子在嗎？」住持道翹說：「有的，有的，我帶你去吧！」於是，帶著閭丘刺史走到豐干的禪院。

院子裡空無一人，地上佈滿了老虎的腳印。

道翹說：「這座院子的前面是藏經樓，此處常常有老虎出沒，晚上沒人敢到這裡來。」

閭丘刺史問：「豐干禪師在這裡做些什麼？」

道翹說：「平日豐干禪師白天只是舂穀子，煮粥供眾；到了晚上，他整夜誦經或是唱歌。有一次，他騎著一隻老虎直入廟門，嚇得寺裡的人全都躲避起來。他騎在虎背上，怡然自得，一路行一路唱歌。」

閭丘刺史聽了，不住地點頭嘆息。

二人經過廚房，碰到拾得和寒山子正在火爐邊燒火，他們一邊燒火一邊放聲大笑。

閭丘刺史恭敬地走上前去，叩頭禮拜，主持大為驚奇，拉住閭丘刺史的袖子說：「大人，為什麼要向瘋子叩頭呢？」話音剛落，寒山子便大聲喝道：「豐干是彌陀，你不識，拜我們做什麼？」

拾得笑著說：「豐干多嘴！豐干多嘴！」說時遲那時快，他們便一溜煙似的跑到了寒岩。

閭丘刺史在後面緊追不放，最後他發現拾得和寒山子竟然鑽進了石

縫，轉眼間，那道石縫合在了一起。

　　原來，這個不同凡響的拾得就是普賢菩薩的轉世，他在聖跡顯露後，便與身為文殊菩薩的寒山子一同離開國清寺，不知蹤跡。

小知識

　　普賢菩薩，曾譯遍吉菩薩，音譯為三曼多跋陀羅，漢傳佛教四大菩薩之一。是象徵理德、行德的菩薩，同文殊菩薩的智德、正德相對應，是娑婆世界釋迦牟尼佛的右、左脅侍，被稱為「華嚴三聖」。

最高的智慧

《華嚴經》記載:「東方有處名清涼山,從昔以來,諸菩薩眾,於中止住。現有菩薩文殊師利,與其眷屬,諸菩薩眾,一萬人俱,常在其中,而演說法。」經中所言的清涼山即為五台山,也是傳說中文殊菩薩修道的地方。

文殊菩薩。

文殊菩薩,又稱文殊師利菩薩,是智慧的象徵。修持文殊法門,能得速慧、深慧、廣慧、說法慧、辯法慧及撰述慧六種不同智慧。

文殊菩薩於西元前六世紀出生在舍衛國,婆羅門種姓,他從母親的右肋而生,通身紫金色,一出生就具足三十二相,八十種好。當時,他家裡出現十大祥瑞之徵,院子裡蓮花盛開,光亮照耀屋內外。

文殊菩薩與佛陀是同時代的人,佛陀說法四十九年中,三百多次的大乘法會,文殊菩薩幾乎都參與其中。

當佛陀在靈山會上放白毫光,文殊深知佛意,即請佛陀宣揚法音,宣導圓乘佛性,奠定佛教大乘思想的基

礎。

而文殊菩薩的睿智，也讓與會的菩薩、羅漢等，心悅誠服地尊稱他為大善知識。

在當時的釋迦僧團中，婆羅門種姓佔有絕對優勢，他們多數人厭離世俗，習慣於苦行，其中迦葉就是一位典型人物。

這些人對大乘法提倡的許多做法不認同，為此產生很大疑惑。

有一次靈山大會，會上有五百比丘，他們秉持己見，不肯接受佛陀提倡的大乘法，無法深入佛法境界。

文殊菩薩見狀，手持利劍，逼迫佛陀。

佛陀說道：「文殊在世，我一定會被殺了。我雖然被人害，到底是誰害的我？」

佛陀一言，眾比丘恍悟，他們像是從夢中驚醒一般，都懂得了忍的道理。

後來，他們用一偈語讚頌文殊菩薩：「文殊大智士，深達法源底，手自握劍，逼持如來身，如劍佛亦爾，一相無二相，無相無所生，是中雲自殺？」文殊菩薩用殺佛的辦法，來教育五百比丘，使之悟解大乘定義，證得法忍，堪稱佛陀得力的助手。

身為智慧代表的文殊菩薩當然也有經典的經文記載他的大乘智慧，在《維摩詰經》中有這樣一段故事：

維摩詰居士有段時間以病痛為由，長期在家休養，實際卻是以這個理由和各位菩薩討論佛法。

佛陀先後派遣各大優秀弟子組成慰問團，表示對維摩詰的關心，同時也想藉著探病的機會與維摩詰研習佛法。

文殊菩薩前去拜訪維摩詰居士。

可是，維摩詰卻不是一個好脾氣的居士，佛陀派來的菩薩們幾乎沒開口已先被他呵責趕退了。因此，再也沒有菩薩想前往維摩詰的住所。

維摩詰居士是何方神聖呢？他曾以法戰勝佛陀大弟子舍利弗等一十四位菩薩，及五百大弟子。文殊也讚他「深達實相，善說法要，辯才無滯，智慧無礙，一切菩薩法式悉知，諸佛秘藏，無不得入，降伏眾魔，遊戲神通，其慧方便，皆已得渡。」如果用現代話翻譯就是，這位上人簡直就是如來第二，智慧通達，能言善辯，達到了無所不能、來去自如的境界。

給這樣佛法高深的上人探病，人選實在不多。

最後，佛陀想到了文殊菩薩：「我希望你能做為代表，探望患病的維摩詰居士。」

文殊菩薩對維摩詰居士的暴躁脾氣早有耳聞，奈何佛陀親自安排探訪，想拒絕也不可能，文殊菩薩只好前往維摩詰居士的住處。

這次探病，文殊菩薩共帶了八千個菩薩，五百個聲聞，上千個天人。文殊菩薩抵達毗耶離城中維摩詰居住的地方後，兩個人就開始討論佛法。

由於他們都善於口才，在辯論佛法的過程中簡直妙語連珠。隨同文殊菩薩而來的弟子們都聽得津津有味，竟連一分一秒也不願意離開席位。這場辯論持續了很久，到了最後，文殊菩薩忽然問維摩詰什麼是修成菩薩的不二法門。

這次沒有引出激烈的辯論，維摩詰居士反而以沉默對答。

正當眾人都心存不解時，心有大智的文殊菩薩已經領悟了維摩詰居士的意思，他向隨行的眾人講道：「一切聲聞、緣覺，一切佛，一切法，從般若波羅蜜出。」由此可見文殊菩薩思想的敏銳性。

文殊菩薩不僅是一位深解大乘空義的智者，還能熟練運用神通幻術。

有一次，文殊菩薩對眾生宣講大乘空義，說道：「不用見佛，不用求法」。當時聽他宣講的有兩百比丘，以為文殊菩薩胡說八道，就憤然離去。

文殊菩薩知道他們的心意，就在半路上變化成一堆大火，擋住他們的去路。這些比丘有些法術，意圖飛身跳躍，不料空中突然出現鐵絲網，使他們無法前行。

兩百比丘在走投無路的情況下，只得回頭，卻見青蓮遍布，無限光明。

他們踏著青蓮返回，回到佛陀的處所，並向佛陀說明路上遇到的事。

佛陀微微頷首，對他們說：「內火未盡，欲度外火，無有是處。汝諸比丘，墜在見網，欲度鐵網，亦無是處……此之愛見，無所從來，亦無所至。從妄想生，無我，無我所。」聆聽佛陀教誨，兩百比丘心中的

火氣冷靜下來，清除各自心中孽障，餘漏永盡，修成了阿羅漢果。

文殊菩薩有時手握蓮花，象徵智慧的高尚純潔；有時手握寶劍，表示智慧能斷除一切煩惱；有時騎坐金毛獅子，表示勇猛威武；有時安居蓮臺，表示清淨無染；有時騎乘孔雀，表示飛揚自在。

後來，文殊菩薩選五台山做為修道的地點，將修來的智慧與佛法傳授給世人，成為了一位兼具智德和正德的菩薩。

小知識

五台山是文殊菩薩修道居住的地方，由五大高峰組成，是中國四大佛教聖地之一。在佛經記載中，這五座高峰分別代表著文殊菩薩的五種智慧，即大圓鏡智、妙觀察智、平等性智、成所作智、法界體性智。

大孝和大願

「地獄未空，誓不成佛，眾生渡盡，方證菩提。」有大悲地藏菩薩，誓願未達，永不成佛。

　　在佛界，菩薩的地位比佛相差一級，協助佛傳播佛法，救助眾生。地藏菩薩為了救渡眾生，曾發願：「眾生渡盡，方證菩提；地獄未空，誓不成佛。」

　　那麼，他為什麼具有如此偉大的志願呢？

　　相傳，在無量的劫數以前，地藏菩薩投生到一位長者家中，是家裡的兒子。當時，佛教的教主名叫師子奮迅具足萬行如來，在世間廣佈佛法。

　　一次偶然的機會，那位長者的兒子見到了師子奮迅具足萬行如來。這一見非比尋常，長者的兒子驚奇得差點叫出聲來，他被師子奮迅具足萬行如來的莊嚴相貌深深吸引：師子奮迅具足萬行如來面如滿月，端嚴無比；眼睛就像青蓮花葉，光彩清澈；他雙手過膝，身上呈現紫磨金色，威光顯耀，超過任何世人想像的莊嚴。

地藏菩薩。

長者的兒子不知不覺對如來五體投地，他頂禮膜拜，並請教：「世尊，請問您過去修的什麼法，得到如此相貌？」

　　師子奮迅具足萬行如來回答他說：「要想得到我這般相貌，必須發菩提心，多做善事，在以後歷代劫數中，不停地渡脫一切受苦眾生。」

　　長者的兒子一聽，毫不遲疑地在師子奮迅具足萬行如來座前發出誓願說：「從今天起，不管到什麼時候，我一定盡最大努力，超渡一切眾生。之後，我自身才成佛道。」因為第一次接觸佛法，他就發下這麼大的願心，此後，地藏菩薩在無數的劫數中，或者轉生為男子身，或者轉生為女人身，或者到地獄中，或者為畜生身，他總是不停地為眾生謀利益，哪怕是上刀山、下火海，都在所不辭。

　　後來，在經過千百世的轉世，地藏菩薩成了一個小國的國王。

　　當時，全國上下都信佛，不輕易殺生。可是太后卻不信這個邪，她餐餐都要食葷，還經常命令僕人去打獵，以滿足自己的口腹之慾。

　　在全國的放生日上，太后仍讓僕人去獵鹿，國王得知後大為震驚，趕緊來見母親，懇請母親不要提出這樣的要求。

　　太后罵兒子不孝順，連自己的母親想吃一隻鹿都要反對。國王沒有辦法，只好由著母親去殺生。

　　很快，報應來了，太后在吃了鹿之後，就開始臥病不起，在一個月後死去了。

　　國王知道母親生前殺戮太多，死後必墮入地獄，心裡很著急。

　　有一天，他夢見阿羅漢須菩提面色凝重地說：「你母親因罪孽深重，正在地獄接受油炸火烤之苦，你若是個孝子，就想辦法救你母親吧！」

　　國王一下子從夢中驚醒，他一想到母親在地獄中的遭遇，就忍不住

悲從中來。他去問得道高僧有何解救之法，高僧告訴他，只要虔心唸佛，就能擁有到達地獄的唸佛力，屆時就可將母親解救出來。

於是，國王堅持每日誦經百遍，並經常做善事，廣積善德。就這樣過去了幾年，某天晚上，他正在唸經，唸著唸著，忽覺身子一輕，緊接著自己就被捲入一道黑光中，似乎進入了另一個世界。

等他再度睜開眼睛，發現自己已然來到地獄。他不禁歡欣鼓舞，要去找母親。可是閻王卻告訴他，由於他唸經和行善的功德，他母親及地獄中的罪人已經重新輪迴，得到了再次投胎的機會。

國王非常高興，回到了凡間。

十三年後，他的宮殿裡新來了一批宮女，其中有一個宮女經常暗自垂淚，令國王非常不解。

在國王的詢問下，宮女才告知實情：在她出生後的第三天，她家裡來了一個和尚，說她是託前世兒子的救渡才轉世為人，但因罪孽實在深重，她只能活到十三歲。她知道自己命不久矣，不免陷入悲傷之中。

國王這才知道這名宮女就是自己的母親，他見母親的苦難還未結束，就在佛祖面前起誓，願承擔母親的一切苦難，讓母親脫離輪迴之苦。

不久以後，宮女果然離世，國王再度來到地獄，終於見到自己的母親。母親告訴兒子，他積攢的功德還不夠讓她擺脫輪迴，所以她只能繼續留在地獄裡。

國王為救母親，毅然拋棄皇宮生活，出家為僧，日夜誦經為母祈福。經過多年修行，某一日他終於成為地藏菩薩，到達西方極樂世界，在那裡，他見到了自己的母親，母親終因兒子的功德而脫離苦劫。

地藏菩薩見到釋迦牟尼佛後，得知佛祖有不渡眾生不成佛的宏願，

就繼承佛祖衣鉢，立下「地獄不空，誓不為佛」的誓言。

因此，儘管他早已具備成佛的條件，卻依然隱去自身功德，到處現身說法，希望能渡化眾生。

渡化濁世

「今此世界具於五濁眾生愚暗，云何世尊能於其中施作佛事？」這是虛空藏菩薩的疑惑，令他有了拯救世人的善願，並最終成就了無上佛果。

相傳，在很久以前，東方世界被濁氣籠罩，塵世間草木荒蕪、惡鬼橫行。

當時虛空藏菩薩還在遙遠的西方世界修行，某日，他來到恆河沙世界以西的佛剎裡聽勝花敷藏如來講經，如來見眾位菩薩滿面虔誠，就雙手合十，啟示道：「在東方，有光明之光，那是因為東方古國娑婆有一佛剎，佛剎裡有一位釋迦牟尼佛，若聽其講法，有助消除惡業，功德圓滿。」

虛空藏等八十二億菩薩一聽，歡喜異常，都想立刻跨過恆河沙去找那位釋迦牟尼佛。

勝花敷藏如來笑了笑，對眾菩薩說：「東方是濁世，有太多罪惡，甚至可能會對你們的修行造成惡劣影響，你們還願意前往嗎？」

虛空藏菩薩聽完，毫無懼色，第一個回答道：「我等是佛陀，就應渡化濁世，消泯一切惡行，我們更應該去那裡。」

勝花敷藏如來非常欣慰，就在恆河之上架設祥雲，親自送虛空藏等菩薩去東方。

與此同時，釋迦牟尼佛已撚指一算，算出虛空藏菩薩將要來到，就在經壇上對眾佛說：「看見西方過來的金色光芒沒有？那是虛空藏菩薩所發出的瑞光，他是一個擁有大智慧的使者，能降甘霖於旱地，救病者

於苦難，能使惡人變善良，能滿足人們的一切願望。」

眾佛聽聞，都歡欣雀躍，認為娑婆世界終於有救了，就面向虛空藏菩薩到來的方向翹首企盼，等待虛空藏的到來。

不久之後，虛空藏終於來到東方，他發現一切真如勝花敷藏如來說的那樣，充滿了污濁和邪惡，百姓們困苦不堪。

為了改變這種現狀，虛空藏菩薩折損了幾世修為，用神力改造娑婆世界。他驅散了霧靄，填平了溝壑，又在人間種植樹木花草，豢養花鳥蟲魚。然後遍降甘霖，在人間灑遍金銀珠寶。經過他一番努力，這裡的一切景象皆是風和日麗，一切眾生沒有苦患，盲聾喑瘂各種殘疾都能痊癒，心懷怨恨的人都生出善心，地獄餓鬼的呼喊都停止了，人們的飲食、衣服莊嚴富足，眾生妙色端正。各種神奇景象，不無令眾佛動容感嘆。

可是，眾佛在欽佩虛空藏神力的同時，又開始發愁：「虛空藏的能力這麼大，到時他過來，該以怎樣隆重的方式接待他呢？」

釋迦牟尼佛知道大家的想法，就讓巨大的蓮花寶座

虛空藏菩薩。

自地下湧出，蓮花的根莖是白銀，花瓣是黃金，上綴奇珍異石。這時，虛空藏突然現身於蓮花寶座上，他頭頂如意寶珠，八十億菩薩圍繞在身邊，全部坐在蓮座上。

眼見釋迦牟尼佛對虛空藏菩薩如此讚賞，彌勒佛對此很不服氣，忍不住問道：「他究竟有何特別之處，能獲得如此大的榮耀？」

釋迦牟尼佛微微一笑，答道：「虛空藏能了斷人們的一切煩惱，還能引導眾生涅槃，使眾生不致墮入痛苦的輪迴中，他的功德不是誰都可以比的啊！」

彌勒佛聽罷，面帶愧色，悄然靜坐，不再發表反對意見。

釋迦牟尼佛問虛空藏菩薩：「你已看到虛空是沒有貪慾、嗔和愚癡的，虛空的自性是清淨無染的，你幫助眾生脫離苦難並以種種方法使他們斷除煩惱，開啟智慧之眼，可是，現在的虛空是依靠人們的眼睛、眼識或眼觸而得以存在的嗎？」

虛空藏菩薩回答：「不是。」

釋迦牟尼佛又問：「那來自體內的眼睛、眼識、眼觸看到東西靠虛空產生的嗎？眾生現在是由於虛空而存在呢？還是虛空依靠眾生而存在呢？」

虛空藏菩薩繼續回答：「眾生與虛空互相依靠，互為對方的存在而做境界，同時又不為對方的存在而做條件，因為一切諸法的本質都是空無所有的，一切諸法都是虛假不實的，一切諸法都好像是存在、好像是真實的。我們拯救世人，同時也拯救著自己，因為雙方是相互福報的關係！」

釋迦牟尼佛聽後，大加讚賞。從此，虛空藏菩薩便留在了東方世界，

繼續運用神力，為世人排憂解難，深得人間敬仰。

　　虛空藏菩薩的常見形態為：頭戴五佛冠，左手置於腰間，右手持火焰劍，坐在有如意珠的蓮花寶座上。如意珠代表財富，火焰劍代表智慧，所以虛空藏菩薩是財富與智慧的象徵。

小知識

　　虛空藏菩薩，為中國大乘佛教八大菩薩之一，在無量菩薩中專主智慧、功德和財富，並以無邊神法滿足世間一切持戒如法相求的善願，使無邊眾生獲得無窮盡的利益。

背布袋的智者

「日日攜空布袋，少米無錢，卻剩得大肚空腸，不知眾擅越，信心時將何物供養；年年坐冷山門，接張迎李，總見他歡天喜地，試問這頭陀，得意處有什麼來由。」彌勒菩薩，是獨一無二的，所有的人都可以被他的笑容所滋養，每個人的心靈都可以被他的笑容所淨化。

在中國佛教故事裡，有一位特殊的菩薩，他不同於其他菩薩一本正經甚至是金剛怒目的模樣，始終是咧嘴大笑的姿態，並且總是隨身帶著一個布袋，人們親切地稱他為布袋和尚。

布袋和尚在哪裡出生的，誰也不知道。

相傳，在五代十國的後梁時期，有一年冬天的清晨，一個叫張重天的農民去河邊捕魚，正巧看見河對岸從岳林寺那邊飄過來一塊浮冰，冰上坐著一個六、七歲的男娃娃。

奇的是，冰很薄，那娃娃竟然沒有掉到水裡去，只見他只穿一件肚兜，屁股下面墊著一個青色的布袋，樂呵呵的，彷彿現在不是三九嚴冬，而是四月暖春似的。

張重天大為驚訝，看這孩子大頭大耳、手腳肉乎乎、肚皮圓鼓鼓的，模樣甚是可愛，就起了惻隱之心，將孩子收為義子，並為他取名為契此，號長汀子。

一晃十多年過去了，小契此長大成人，相貌不再可愛，反而變得有趣：禿腦門，大圓頭，咧著一張大嘴總是笑，一雙小眼睛因此瞇成一條

彌勒菩薩唐卡。

縫，幾乎看不到。他也越來越胖，肚子越來越大，還總喜歡敞開衣服露出肚皮，很像一個和尚。

無論去哪裡，契此總要隨身帶著他那青色的布袋，因此人們就調侃他，稱他為「布袋和尚」。

布袋和尚性格隨和、樂於助人，村裡人一有困難就去找他。

後來，他背起布袋，雲遊四方去了。

一路上，無論有沒有化到食物，他總是一副樂呵呵的表情，彷彿有什麼天大的喜事似的。

時間一長，世人都記住了這個笑呵呵的和尚，對他格外喜愛。

有一個叫白鹿禪師的和尚很嫉妒布袋和尚，決心讓他當眾出醜，就在某一天，拉住布袋和尚準備為難他。

布袋和尚轉過頭去，看見了白鹿禪師，就笑嘻嘻地說：「給我一文錢吧！」

白鹿禪師不屑地想，真是個瘋和尚，哪有對和尚化緣的？不過他在言語上依舊保持著禮貌，回答道：「你跟我說說什麼是禪，我就給你錢。」

布袋和尚聽完，就將布袋放下。白鹿禪師不解其意，指著布袋問：

「難道禪就是你的布袋嗎？」

　　布袋和尚認真地看了一眼白鹿禪師，又哈哈笑起來，他背起布袋，想轉身離開。

　　白鹿禪師感覺自己遭到了愚弄，不由得心頭火起，指著布袋和尚罵道：「你真是個瘋子！」

　　圍觀的百姓越來越多，布袋和尚卻一點慍色也沒有，而是坦然地笑著，背著他的布袋走向遠方。

　　既然白鹿禪師說布袋和尚是一個瘋子，百姓們也就信以為真，從此遠離布袋和尚。布袋和尚雖然很難再化到緣，卻依舊眉開眼笑，毫不在意自己的窘境。

　　幾年之後，岳林寺有個和尚看見布袋和尚端坐在寺廟旁的一塊大石上，口中說道：「彌勒真彌勒，分身千百億，時時示時人，時人自不識。」說完，布袋和尚就圓寂了。

　　和尚們大吃一驚，這才知道布袋和尚是彌勒菩薩的化身。

宋朝梁楷所畫的《布袋和尚圖》。

消息傳出後，白鹿禪師羞愧不已，從此不敢再狂妄自大，轉而虛心修持。

不過，後來有人說自己又看見布袋和尚在遊走，但不再化緣，而是到處在施捨財物。

人們發自內心地尊敬這位給人間帶來歡樂的菩薩，紛紛祭拜他，希望他能給人間帶來歡笑和財富。

小知識

彌勒菩薩，生於南天竺婆羅門家，與釋迦牟尼佛是同時代人。後來隨釋迦出家，成為佛弟子，他在釋迦入滅之前先行入滅，為一生補處菩薩，生於兜率天內院。之後因緣成熟時，從兜率天宮下生人間，成為娑婆世界的下一尊佛，在賢劫千佛中將是第五尊佛，常被尊稱為當來下生彌勒尊佛。

寶瓶裡的孝道

「以智慧力，拔三塗（指地獄、餓鬼、畜生『三惡趣』）苦，得無上樂，故名大勢至。」智慧之光既可普照世人，也可使眾生解脫血火刀兵之災，這才是無上之力。

大勢至菩薩，又譯為摩訶那缽、得大勢、大勢志、大精進，或簡稱勢至、勢志，在彌陀成佛以前，他即曾與觀世音菩薩共同為彌陀的侍者。在未來世，他也將步觀世音菩薩之後而成佛，名為善住功德寶王佛。

相對於觀音的代表慈悲，大勢至菩薩象徵智慧。《觀無量壽經》云：「以智慧光普照一切，令離三塗，得無上力，是故號此菩薩名大勢至。」

關於大勢至菩薩的形象，《觀無量壽經》云：「此菩薩頂上肉髻如缽頭摩華，於肉髻上有一寶瓶，盛諸光明，普現佛事。」也就是說，大勢至菩薩頭頂上的肉髻有些與眾不同，上面頂著一個寶瓶，寶瓶裡盛的聖物是光明。這光明能顯出種種佛事，無論是念佛拜佛，還是講經說道，或是打

大勢至菩薩。

131

齋供眾，凡是三寶之事，都能夠從寶瓶的光明中顯現出來。

但是，這個光明寶瓶並不是大勢至菩薩與生俱來的。

大勢至菩薩還有另外一個德號，叫做無邊光菩薩。從名字的意思我們可以想像得到，大勢至菩薩無論走到哪裡，都身泛佛光，能夠照亮十方世界。

大勢至菩薩的佛光與眾不同，他的佛光通透得幾乎像從他身上每一個毛孔中透出來的。也許有人會奇怪，他既然能夠照亮十方世界，何必在頭上頂一個光明瓶子？他的瓶子為什麼能夠現出佛事呢？

這要從大勢至菩薩的生養父母說起了，這個瓶子最早是盛他父母遺骨的器物。

大勢至菩薩得道以後，一次，他聽見阿彌陀佛說：「父母的恩德最為重要，兒女想要報答父母的生養之恩，往往都是很困難的。身為子女，只有自己修行，把父母渡脫三界，才能報答父母的恩澤。」大勢至菩薩聽到阿彌陀佛的教誨，想到父母在自己最初發心修道的時候已經雙雙棄世，如果父母在世，還有機會勸導父母信佛、修行，使父母超脫三界，現在為時已晚。每每想到這點，都令他寢食難安。久而久之，這成為了大勢至菩薩心中最大的遺憾。

於是，大勢至菩薩除了修行，每天考慮最多的問題便是：我要怎麼才能報答父母呢？

後來，大勢至菩薩想到一個辦法，將他父母的遺骨用瓶子盛起來，頂在自己的頭頂，在每天修行的時候都隨身帶著瓶子。這樣一來，便可以期望自己修行的功德，時時迴向父母，也祈求三寶能使父母得道，早日超出三界。

起初發心出家的大勢至菩薩只是凡夫俗子，他父母的遺骨也是凡人的骨頭。但由於大勢至菩薩心願至誠，又勇猛精進，很快將自己由凡轉聖，修習成了大菩薩。

　　大勢至菩薩每天的修行也因他的心願迴向瓶子裡，父母遺骨漸漸隨著大勢至菩薩的道業起了變化。原本只是一個普通的瓶子，竟然轉化成一個無上寶瓶，大勢至菩薩父母的遺骨不知不覺間變成了一片光明。

　　大勢至證了菩薩果，能運用種種神通變化，利益眾生，他父母的遺骨，變成了光明，能夠神通變化，普現佛事，利益眾生。

西方三聖，指阿彌陀佛及其二大脅侍。中尊為阿彌陀佛，左為觀世音菩薩，右為大勢至菩薩。

小知識

　　大勢至菩薩以智慧光普照一切，令眾生離三途，得無上力；又彼行時，十方世界一切地皆震動，故稱大勢至。

菩薩兄弟

「日放千光，遍照天下，普破冥暗；雲散空淨，獨露嬋娟，皎浩無瑕體自圓。」
日光菩薩和月光菩薩照徹無邊，恩澤佈大千。

在久遠的過去世，尚沒有佛陀在世，當時有一位得道聖者電光如來行化世間，不惜以個人之力保佑眾生。

當時，有一位心地誠懇的梵士，他有兩個兒子。梵士經過修行，漸漸體會到世間渾濁動亂，於是發願菩提心，誓願拯救病苦眾生。電光如來得知這事後，對梵士的行為甚為讚嘆，勸他改名號為醫王，而他的兩個兒子則改名為日照、月照。

梵士得到電光如來的指點，獲得神通，在修行上更加盡心盡力，並發無上菩提大願，誓救六道一切有情出輪迴之苦。後來，這位梵士成佛後就是藥師如來，而他的兩位子嗣也成了他的兩大脅侍，即日光菩薩和月光菩薩。

藥師佛手執藥缽，雙跏趺坐在蓮花月輪之上，兩面站立的脅侍是日光菩薩和月光菩薩。

日光菩薩以自身的修為脫渡眾生，但凡事皆有利弊，他的清澈明輝也成為了自己修行的障礙。

　　藥師如來對日光菩薩說：「你的佛光雖然能咒滅一切罪惡，但與太陽的光輝過於交合，也會造成凡世間的災難。」

　　日光菩薩問道：「尊者！那我該如何避免這些天災，除避邪魔？」

　　藥師佛回答：「若能每日誦經一遍，禮佛一拜，如此躲避太陽三日，未來之世，當可證得果報。」

　　一心為凡間眾生考慮的日光菩薩謹遵藥師佛的建議，找到一處終年不見陽光的深山洞穴，三日內禮佛唸經，躲避太陽。

　　日光菩薩為了世人，將自己的修行放於次要位置，躲避太陽，成就蒼生，這種大慈大悲的心地，遠遠超越了佛家修行的意義。

　　日光菩薩為蒼生而修行，月光菩薩也是如此。

　　有一年，舍衛城發生了嚴重天災，先有旱災，後有水災，莊稼幾乎沒有收成，百姓生活苦不堪言。第二年，自然災害得到了緩解，又鬧起了饑荒。飢餓的百姓將能吃的東西都吃光了，連樹根、草根也被挖出來吃掉，人們之間為了爭奪食物甚至互相殘殺。往日安寧平和的舍衛城完全成了人間地獄。

　　百姓的生活已經如此艱難，佛陀那些依靠化緣果腹的眾弟子更是苦不堪言，大家開始計畫離開舍衛城。

　　一天，月光菩薩找到佛陀，說道：「如果比丘們因饑荒逃到其他的國家，這裡的百姓該如何看待佛法的力量，在這種時候離去，那就是喪失道德，會令世道混亂的。」

　　佛陀點了點頭。月光菩薩繼續說：「佛陀，這時候只有您在這裡，

人們心中才會有寄託，有了寄託，舍衛城才有希望。」

佛陀稱讚道：「我也正有此意。你有什麼其他的辦法幫助百姓嗎？」

月光菩薩想了一會兒，對佛陀說：「百姓們白天要忍受飢餓和烈日的照射，會令人們心中煩惱增加，變得更焦慮。我會用我的神力在夜晚為百姓帶來清涼的月光，皎潔的月色，當無助的百姓們抬頭看到月亮時，就能舒緩心中的焦慮。您認為如何呢？」

佛陀想了一會兒，嘆道：「希望這個方法能夠平息躁動的人心啊！」

此後，月光菩薩以每月初一到十五為週期，將月亮從新月變為朔月，讓百姓每個夜裡都能欣賞到不同的月色。藉助月光將神力傾注到世人身上，為舍衛城的百姓帶來祝福，夜夜如此，從未停止。

在月光菩薩神力的幫助下，舍衛城的百姓們不再無助，開始團結一致共同對抗災難，最終，舍衛城度過了這場災難，重新恢復了往日的祥和。

小知識

日光菩薩，為無上尊佛藥師琉璃光如來的左脅侍，他以慈悲本願，普施三昧，以照法界俗塵，摧破生死之暗冥，猶如日光遍照世間，故得此名。

月光菩薩，為無上尊佛藥師琉璃光如來的右脅侍，其形象多為白色，左手為拳，安於腰，右手持蓮花，其蓮花上有半月形，乃以半月形為三形。民間流傳，農曆八月十五中秋節為月光菩薩的誕辰。

大愛無邊

世界無邊塵繞繞，眾生無盡業茫茫，愛河無底浪滔滔。無盡意菩薩，欲把這無量世界，變成極樂世界。欲將無盡的眾生，都教化成佛。又把這無底的愛河，統統填上。所以無盡意菩薩，名為無盡意。

在無盡世界中，有無盡眾生活動。真是到一處有一處世界，到一世界有一世界眾生。眾生為煩惱的驅使，墮在業海，沉淪在輪迴，受眾苦的逼迫，永無解脫之期。

無盡意菩薩不忍見無窮盡的眾生，長期受諸苦惱，就從內心深處，發起無盡悲願，願度無盡世界中的無盡眾生，令無盡眾生成佛，而後自己方成佛，所以稱為無盡意。

無盡意菩薩原是一個修行在東方、成道在東方的菩薩，在一次機緣下，他卻決定向西行渡，去西方神聖佛界求得另一種真知。

據傳，得到真知的無盡意菩薩在一次法會上，誠心誠意的把自己修行所得的瓔珞獻給觀世音菩薩，但觀世音菩薩卻不肯接受。

不是因為觀世音菩薩輕視無盡意菩薩，而是這些金銀財寶在菩薩的眼裡並沒有世人認為的高貴含意，觀世音菩薩拒絕接受，表示不貪的境界。

無盡意菩薩明白，在觀世音菩薩看來，他已經具有無量無邊的功德，瓔珞的功德，只是徒有其表。受到觀世音菩薩點化，無盡意菩薩突然感悟自己的修行尚不足救助世人，自己本身還有缺陷，需要更多的修

行。

　　無盡意菩薩發誓願要求得更大真知，因此開始尋找新的求佛之路。這時候，他想到了西方佛法的精妙。

　　無盡意菩薩決定往西方求佛並不是為了自己，他從普賢如來那裡得知，如果想教化眾人，需要有更廣闊平坦的國土，也需要更莊嚴微妙的佛法，這才是至聖的境界。這種佛土，只有在西方極樂世界才能找到。

　　從東到西的求佛路猶如唐玄奘西天取經般艱難，季節氣候的變化，世間人情的冷暖，每經歷一個困難，對無盡意菩薩來說都是一次修行的磨練。

　　無盡意菩薩歷經劫難終於抵達西方世界，求得聖知。佛說：「彼佛世尊及諸菩薩。不以文字而有所說。彼諸菩薩唯修觀佛。諦視無厭。目不曾眴。即便能得唸佛三昧悟無生忍。是故彼土名曰不眴。」無盡意菩薩以自己的神力讓法會上的四眾親見不眴世界及普賢如來，並向普賢如來敬獻了蓮花。無盡意菩薩不畏艱苦的求佛經歷也成了眾菩薩稱讚的功德。

小知識

　　無盡意菩薩，又譯為無盡慧菩薩、無量意菩薩，關於無盡意的名稱，《大方等大集經》說：一切諸法之因緣果報名為無盡意。一切諸法不可盡，意即發菩提心不可盡乃至方便亦無盡。《觀音義疏》卷上則說：凡八十無盡，八十無盡悉能含受一切佛法，由此得名無盡意也。

醫者聖心

「過去世以藥救病，醫身醫心，因以為名。」藥王菩薩和藥上菩薩因樂修苦行，施藥救人而成全眾生，亦成全了自己，修得正果。

藥王菩薩成名得道，皆因其藥。說到藥王的藥，恐怕無人不讚。

如果只說藥王菩薩醫術高明，恐怕不足以服眾，有一個故事，實實在在說明了藥王菩薩的功德：

一次，藥王菩薩的母親眼睛生了疾病，疼痛難忍，吃了很多藥都沒有見效。眼看母親的眼疾一天比一天嚴重，藥王菩薩卻束手無策。

這一天，藥王菩薩被人叫走治病去，留下弟弟藥上菩薩在家守著母親，藥上對母親說：「哥哥沒有治不好的病，怎麼唯獨您的眼疾無法治好呢？」

母親寬慰道：「這不能怪你哥哥，他也想盡辦法了，我現在只想讓你背我到後山去看一看。」

弟弟聽到母親的要求，便收拾了一下，背著母親上山。

剛到半山腰，母親的眼疾又犯了，她對藥上菩薩說：「兒子啊，我感覺口很渴，你能幫我找點水喝嗎？」

藥上菩薩聽到母親想喝水，立即動身去找。誰知他漫山遍野地找了個遍地也沒找到水源，最後只在一個骷髏裡殼看到一點水，可是這骷髏殼裡有一條小黃蛇在游來游去。

實在沒有辦法，藥上菩薩便端著骷髏殼回到母親身邊，沮喪地說：

「娘啊，實在找不到水，只有這骷髏殼裡有一點水，但這裡面有一條蛇。」

母親已經乾渴得無法忍受了，說道：「管他有什麼，趕快端給我喝吧！」說罷，便接過藥上菩薩手裡的骷髏殼將水一口喝光了。

剛剛喝下水的母親覺得乾渴緩和了許多，沒想到過了一會兒竟然感到眼前明亮了許多。再多歇了一會兒，藥上菩薩繼續背著母親上山。

到了山頂，母親又感到肚子餓。

於是，藥上菩薩開始滿山為母親尋找果腹的食物，最後在一戶人家找到了一隻趴在桃樹下睡覺的黑母雞。可是戶主並不願意將母雞賣給藥上菩薩，最後在藥上菩薩的苦苦哀求下，戶主只好將屋內幾個黑母雞下的蛋賣給了他。藥上菩薩拿到雞蛋，一數正好九個，他又借來戶主的大鍋將蛋煮熟帶給母親。

母親吃蛋的時候，一打開，發現竟然有個雙黃蛋。母親吃完九隻雞蛋以後，覺得眼睛又明亮了幾分，已經到不用藥上菩薩背

首尾繪迦陵頻伽鳥的《大藏經中觀藥王藥上二菩薩經》。

她，自己就可以行走了。

藥王菩薩晚上一回到家，藥上菩薩立即和哥哥說了白天的情況。藥王菩薩也覺得十分驚奇，替母親把脈以後，發覺母親的眼疾竟然痊癒了。

兄弟倆驚喜之餘，藥上菩薩開始打趣藥王菩薩說：「哥哥，虧你還是藥王菩薩呢！你看你沒治好母親的疾病，我背著母親去後山轉了一圈就好了。」

藥王菩薩搖頭笑道：「你是有所不知，並不是我治不好母親的眼疾，而是我找不到那幾種藥啊！」

藥上菩薩不禁疑問：「哪幾種藥？你說說看。」

藥王菩薩回答道：「藥書上寫著，娘這種病需要千年骷髏水，黃蛇洗澡湯，烏雞桃樹歇，九蛋一雙黃，是你有緣正好遇到了呀！」

藥王菩薩和藥上菩薩兩兄弟本著醫者父母心，經常施藥救人，不僅為眾比丘僧人解決了身體上的苦難，也間接幫助比丘們修行。

古印度時期，人們的生活並不像今天這樣方便，疾病往往使人受到很大的折磨，加上藥草貧乏，懂醫術的人太少，也許傷風感冒就能令一個壯漢一命嗚呼。

藥王菩薩和藥上菩薩以自己豐富的醫學知識，救助平凡百姓，從來都任勞任怨，不求回報。

一次，城中瘟疫橫行，百姓生活苦不堪言，幾乎無人敢踏入城中半步。瘟疫橫行，沒有抑制的方法，到處都是病人，到了夜裡街上一點聲音都沒有。藥上菩薩聽說後，決定前往城內救助百姓。當時的情況下，藥上菩薩的決定幾乎等於將自己置於死地，可是他並不在意自己是否也

染上瘟疫，毅然帶著藥箱來到了瘟疫城。

藥上菩薩來到城內，先查看疫情，針對這次疾病採摘有用的草藥，熬製好了每日為病人施藥，擦拭身體，包紮生瘡的傷口。起初，百姓們並不相信藥上菩薩能緩解城內的疫情，並不配合，但藥上菩薩沒有灰心，心平氣和地遊說不信任的人試試自己的藥。用過藥的病人，症狀輕的沒過幾天基本上已痊癒了，而已經病入膏肓的雖然沒能立即治癒，但身體上的疼痛有了很大的緩解。最終，在藥上菩薩盡心盡力的救助下，城中的瘟疫終於得到了控制。城中百姓無不稱讚藥上菩薩的功德，這正展現了醫者捨己為人的初心。

後來，他的兄弟藥王菩薩也來到此地，和他一樣到處治病救人。

此後，只要聽到藥王、藥上兄弟的名字，無論是世間百姓還是佛門比丘，無不稱讚他們的功德和善心，兄弟二人因醫病救人，最終雙雙成就了果位。

🌸 小知識

藥王菩薩和藥上菩薩本是兄弟，兄名星宿光，弟名電光明，他們有時取代文殊、普賢菩薩，被視為佛陀的左右脅侍。佛陀曾對彌勒預言，這兩兄弟將在未來世成佛，號淨眼如來和淨藏如來。

開山除障

修行者雖然具般若智慧，如果沒有去除五蓋修得禪定，就像盲人雖遇到日光，卻看不見太陽的形狀，不能真正了知般若，更毋庸說得無上菩提。因而，除蓋障是佛之定德。

除蓋障菩薩以消除一切蓋障而著稱，蓋障即形形色色的煩惱，主要是貪慾、嗔恚、睡眠、掉悔、懷疑五蓋，這五種障礙像雲翳那樣遮住清淨法眼，使眾生不能開啟智慧，發明菩提，坐禪難以入定。

讓人想不到的是，這樣一位菩薩，在悟道之前也曾經被蓋障迷住了心性，差點殺了自己的母親。

相傳，在舍衛國內，有一個名叫除障的孩子，他小時候就長得很健壯，不僅體形魁梧，而且力大無窮，舉起重量大他幾倍甚至幾十倍的東西毫不費力。

機緣巧合，除障的父親安排他去一個婆羅門那修習道術。

除蓋障菩薩。

143

第一天，師父便教導他說：「你要在七天之內，將遠處那連綿的群山移開，每移走一座山峰，就拔下一根樹枝做為頭飾。完成後，佛祖會來迎接你，將你帶到西方極樂世界。」除障聽了師父的話，帶著水和乾糧來到群山腳下，看見山就移，也不顧及移動山峰之後會不會影響百姓的生活。附近的人都對他避之不及，生怕移動山峰的時候受到傷害。

　　第七天早晨的時候，除障已經移動了九百九十九座山峰，得到了九百九十九根樹枝，只差一座山峰，他就能完成自己的功業。此時，除障發現再也沒有山峰可移了。他環顧四周，發現那些被他移動過的山峰都失去了生機，沒有清新的空氣，沒有清脆的鳥鳴，花草樹木都已經枯萎，原本生機無限的連綿群山此時死寂地矗立著。

　　這天中午，母親來送飯，除障遠遠地看見母親來了，竟然想將母親當作山峰移動到其他的地方。母親驚訝地說：「你怎麼能這樣不孝，連我也要加害嗎？」

　　除障說：「我受到師父教誨，要在七日之內移動千山，得千枝，這樣便能前往西方極樂。可是今天日期已到，還差一座山峰，妳是我的母親，在我心裡的地位像大山一樣崇高，所以只好請妳湊數。」

　　母子二人爭辯的時候，佛祖變成一個和尚，從他們附近經過。除障見了，心想，和尚是修行之人，踏過千山萬水，有大山般的重量，可以拿他來湊數。於是，他立即捨棄了母親向和尚追去。

　　佛祖看除障追來，故意放慢腳步，可是除障無論怎麼用力，都無法追上。除障只好跟在後面大喊：「和尚你停一停。」

　　佛祖遠遠地回答：「我常常停下來，但是你卻不肯停。」

　　除障問這是什麼意思，佛祖說：「我六根清淨，自在無為。你卻跟

隨邪惡的師父，受了邪惡的教誨，使自己心志迷亂，晝夜移山，擾亂自然，荼害生靈，造無邊罪過。」

除障聽了這番話，心裡方才醒悟，發現自己所作所為如此自私，為世間帶來了災難，甚至還想傷害自己的母親。

醒悟後的除障立即拜佛祖為師，跟隨佛祖修行自在法，最終成就為除蓋障菩薩，以自己的神力為世人驅除障礙，降伏困難。

小知識

除蓋障菩薩，又稱為除蓋障菩薩摩訶薩或棄諸陰蓋菩薩，意為除去一切蓋障，降伏一切障礙，是佛教八大菩薩之一。他與普賢菩薩、慈氏菩薩、妙吉祥菩薩一起，顯示佛身四德，其形象為：右手結無畏印，左手持蓮花，花上有如意珠，表示以菩提心中之如意珠滿足一切眾生的願望。

　　寂天菩薩在沒有悟道之前是一位王子，就在他要登基成為國王的前夕，智慧本尊文殊菩薩警告他現世之苦。寂天菩薩聽後，毅然決然地放棄了王位，到森林裡去練習瑜伽與禪修，後來他成為那瀾陀佛學院的一個僧侶。

　　在那瀾陀佛學院，寂天菩薩一日要吃五餐，並且總把自己關在屋內，不和任何人來往。他的師兄弟們給他取個綽號叫「布速庫」，意思是：「一個只會吃和睡的人。」

　　時間長了，大家都想把這個懶惰、規避責任的人趕出這所有聲望的佛學院。為此，眾人想出一個辦法，讓每一個比丘都必須在全體僧眾面前背誦一部完整的經論。他們認為懶惰的寂天菩薩一定無法做到，這樣就有了趕走他的理由。

　　在選定的日子裡，寂天菩薩登上高臺，以帝王般的自信坐在法位上，然後開始祈請過去、現在、未來三世一切諸佛和菩薩，很自然地唱誦他偉大的即興作品──《入菩薩行論》。

　　當寂天菩薩唸到有關超凡的智慧與空性時，他從法座中升起，慢慢地消失在虛空中。

　　就這樣，「一個只會吃和睡的人」獲得了功德圓滿。

　　寂天菩薩修得正果之後，關於他摧毀外道壇城的故事出現在多部佛

經中。

一次，寂天菩薩
路過迦底毗舍梨城國
王宮殿外，恰好國王
的一個女僕倒洗澡水，
沒注意潑到寂天菩薩
身上。那些水頓時如
遇熱鐵般沸騰起來，
女僕驚訝無比，剛要
上前詢問，卻已不見
了寂天菩薩的蹤跡。

當時，迦底毗舍
梨國內，有一位名叫
香迦得瓦的外道十分
猖獗，他為了打擊佛

寂天菩薩。

教，宣揚自己的道法，向國王提出一個要求：兩天後，他將在虛空中繪
製大自在天壇城，如果佛教徒不能毀壞此壇城，他將焚毀佛教經籍、佛
像等，佛教徒也必須轉入他的教門。

國王信奉佛教，聽了這個要求後，十分驚慌，連夜召集僧眾，告知
了外道的挑戰，請他們想辦法摧毀天壇城。可是，僧眾們雖多，卻無人
敢應戰，沒有人想出什麼好主意。國王見此，焦急萬分，不知所措。

國王的那位女僕聽到了消息，急忙向國王報告了曾經遇到寂天菩薩
的異事。

國王一聽，立刻下令讓女僕帶著人去尋找那位異人。經過多方尋找，女僕在一棵樹下見到了寂天菩薩。她恭敬地施禮後，對寂天菩薩說：「外道打算修建天壇城，如果佛教徒不能摧毀它，那麼就必須轉入他的法門。國王為此很著急，因此派我來請菩薩，前去降伏外道，保護佛法。」

寂天菩薩明白事情原委，爽快地答應下來，與女僕一同回宮，並叮囑她準備一大瓶水、兩塊布和火種。國王很不放心，問道：「就準備這些東西，夠用嗎？」

寂天菩薩回答：「足夠了。」

兩天後，香迦得瓦外道果然依計行事，用彩土在虛空中繪畫大自在天壇城。這時，國王、王后帶領大臣們來到場地上，他們四周聚集了無數佛教徒和外道，眾人拭目以待，等待事情的結果。

就在外道剛剛繪出壇城東門時，寂天菩薩行動了，他入風瑜伽定，顯示神變，頓時起了一場狂風暴雨，剎那間，天壇城東門被摧毀無跡。同時，那些探頭縮腦的外道們也被暴風捲起，像落葉一般被打落四方，哭叫不已。

此時天昏地暗，什麼都看不見，寂天菩薩就從眉宇間放出一道光明，照亮著國王、王妃以及佛教徒。狂風暴雨下，國王和王后的衣飾凌亂，身上落滿塵土，十分狼狽。女僕趕過來，用事先準備的那瓶水為他們清洗，並將兩塊布分別給他二人披上，又用火種點燃火堆。頓時，火光焰焰，溫暖舒適，在場人眾無不歡欣喜悅。

此事過後，國王親自下令拆毀外道廟堂，外道門徒無處可去，紛紛皈依佛門。寂天菩薩降伏外道的那塊地方，一直為人們所紀念，被稱為

「外道失敗地」。

降伏外道，寂天菩薩顯示出高超的法力。後來，他在雲遊弘法過程中，還多次與外道辯論，挫敗他們，彰顯佛法。

有一次，他在曼迦達西部不遠的地方，遇到五百名持邪見的外道門徒。由於當地鬧饑荒，這些外道們吃不飽、穿不暖，遭受苦難。無可奈何之下，他們商議決定，誰要能解決眾人的食物問題就推他為首領。

寂天菩薩知道後，就到城中化了一缽米飯，然後運用法力做了加持。結果，他把這缽米飯送給外道徒眾後，他們取食不盡，解脫了飢餓痛苦。外道們尊奉寂天菩薩為首領，寂天菩薩給他們傳授佛法，最終讓他們拋棄邪見，皈依了佛門。

小知識

　　寂天論師，菩薩的化身，音譯為善地嘚瓦，八世紀初，古印度那爛陀寺著名佛教學者，屬中觀應成派，為中觀派晚期極具開創性的思想家。著有《入菩薩行論》、《學處要集》流傳於世。他同時精通密法，是一位密宗的大成就者。

夜叉的剋星

降伏夜叉，護衛佛法，這是金剛手菩薩做為護法之神成就的功德。他能具足大威權，制伏諸魔，消滅一切地水火風空所生之災難；一切所求，無不如願成就；命終之時，直生西方淨土。

在藏傳佛教中，大勢至菩薩忿怒像的化現因為手持金剛杵，故得名金剛手菩薩。

有一次，弟子們圍坐在佛陀身邊，聽他講法說經，其中金剛手菩薩手持金剛杵，護衛佛陀，虔心聽法，十分投入。

阿闍世王注意到金剛手菩薩手中的金剛杵，看他好像十分輕鬆的樣子，心生疑惑：「這個金剛杵到底有多重呢？」

阿闍世王向金剛手菩薩提出自己的問題。金剛手菩薩回答說：「此杵不重不輕，它觀待於人心，沒有固定重量。在傲慢者面前顯得特別重，而在謙虛者面前顯得特別輕。」

阿闍世王好生奇怪，就上前握住金剛杵，打算把它舉起來。可是他使盡全力，金剛杵卻絲毫不動。本來他對自己的力量頗具信心，因為他率軍作戰時，神勇無比，但面對金剛杵，卻不能動它分毫，真是令人稱奇。

他越想越覺得這件事蹊蹺，就找到帝釋天，讓他試試。帝釋天力大無比，他以前與阿修羅作戰時，輕而易舉就掄起阿修羅王的大車，像風車般在空中迴轉。然而，當他手握金剛杵時，也是無法將它挪動半分。

帝釋天也感到奇怪，就請來「神通第一」的目犍連，讓他試試金剛杵。目犍連的本事可不得了，他能把大海水放在手掌上，轉動世界就像用手指轉動硬幣般輕鬆，可以阻止日月運行，能把須彌山丟進梵天世界。可是，他也無法移動小小的金剛杵。

眾人深感驚訝，尤其是目犍連，還以為自己的神通消失了，趕緊跑到佛陀面前詢問。

佛陀聽了事情的經過，微笑著說：「你的神通力並沒有減少。不過，由於菩薩的威力及其加持力，才使菩薩以下的任何人，使出多少力氣也不能移動這金剛杵。」

接著，佛陀講述了菩薩具有不可思議的威力的原因。原來，菩薩在成佛之前，寧可捨棄自己的生命，終不肯捨棄正法；他對人虛懷若谷，絕不在尚未得悟者面前，誇耀自己的證悟；而且，他憐憫許多弱小者，絕不毀損他們……這些善行被稱為佛界的「修行十法」。透過這十法因緣，金剛手菩薩才具有如此威力，可以輕鬆地持握金剛杵。

金剛手菩薩曾經手持金剛杵解救了地獄裡的眾生，還用金剛杵降伏了作惡的夜叉。

金剛手菩薩。

夜叉，在梵文的釋義中被稱為捷疾鬼。對於夜叉的記載，往往有正反兩種極端。夜叉身為非人的鬼眾，具有墮落的本性，有的夜叉修練成了財神俱毗羅的侍從，守護吉羅娑山的園林和山中的財富，成為半神天龍八部中的一眾力量。可是，也有一部分夜叉始終難改本性，在凡間俗世作惡多端。

奈何夜叉生性迅捷、勇猛，很多神佛對夜叉的惡行也只能束手無策。夜叉個性暴惡，以食人為樂，在人間往往以可怖的形象出現，導致世人只要提到夜叉就顯得十分驚恐。

然而，夜叉們最害怕的就是金剛手菩薩。

金剛手菩薩，人如其名，這位勇猛的菩薩手持金剛杵，可以想像作惡多端的夜叉被金剛手菩薩抓以後，下場會如何。

《大日疏經》中曾有這樣一段關於夜叉和金剛手菩薩的記載：

據說，金剛手菩薩在修行中曾證悟一種本領，能夠與佛心意相通，這種神通更廣泛的作用是能夠瞭解他人的密語心思。夜叉的祕密神通，即使是祕中最祕，對金剛手菩薩而言，也輕而易舉地就能掌握。

因此，夜叉每次計畫為害人間時，金剛手菩薩總是第一時間就感應到牠們的計畫，夜叉每每遇見金剛手菩薩都會無功而返。但是，夜叉最畏懼的並不是金剛手菩薩能夠揭露他們祕密的神通，而是金剛手菩薩手中那支金剛杵。

過去夜叉作亂之時，眾神佛對夜叉捷疾的速度都束手無策，只有金剛手菩薩，手持金剛杵，立於半空，對夜叉幾乎一擊即中，被擊中的夜叉基本上沒有生存的可能。

此後，金剛手菩薩便成了夜叉們心中的噩夢，如果外出遇見了金剛

手菩薩，平日裡兇猛作惡的夜叉也會收斂自己的本性，跪拜請求金剛手菩薩放過自己。如果有夜叉欺壓百姓恰好被金剛手菩薩遇到，那這個夜叉必然無處可逃，只能被金剛手菩薩就地正法了。

小知識

在《觀世音菩薩普門品》中有記載：「以執金剛身得渡者，即現執金剛身而為說法。」這被看作是金剛手菩薩的由來，此菩薩的形象通常為一面二臂三目，身黑藍色，頭戴五股骷髏冠，右手施期勉印，持金剛杵，左手忿怒拳印，持金剛鉤繩當胸，雙足右屈左伸，威立在蓮花日輪座上，十分可怖。

伏惡揚善

「有伏惡之勢，謂之大威；有扶善之力，謂之大德。」因此，稱大威德金剛。

藏傳佛教中，文殊菩薩的忿怒化身，正是大威德金剛，他有「死亡征服者」之稱，也被叫做牛頭明王。

大威德金剛形象特徵有深邃而豐富的佛教含意，九頭表示大乘佛教的九部經典；二牛角表示佛教真俗兩種諦理；三十四隻手加上身、口、意三業表示佛教修行的三十七道品（四念住、四精進、四神通、五根、五力、七菩提分、八正道分）；十六足表示十六空；左足踩人獸八物表示八種成就；右足踩八禽表示八種自在；裸體表示脫離塵垢；座下蓮花表示脫離輪迴；蓮花上紅日表示心如太陽當空，遍知一切。這些藝術化的佛教內涵共同組成了一部完整的藏祕修法——大威德金剛法。依之修行，便可達到即身成佛。

大威德金剛。

關於大威德金剛降伏死神閻魔天的故事，在藏地流傳已久。

相傳，有一位修行者很有神力，為了精進修行，選擇一處山洞苦修。當他在洞內一次次進入禪定，知道自己將要達到完美的涅槃境界時，他的神靈出離軀體，進入虛空中。

這時，恰好有群偷牛賊偷了一頭牛進入山洞內，他們殺牛後，你爭我奪地搶吃起來。吃著吃著，他們猛然看到了那位修行者的軀體。偷牛賊們大驚，害怕他會洩露這件事，因此一刀砍下他的頭顱，將頭顱扔進山谷中。

修行者在虛空神遊的觀想意識回到軀體後，發現自己的頭顱不見了，急忙在洞內尋找，打算再將頭顱安上。可是他找來找去，卻始終找不到頭顱。最終他大怒，認為自己所有的努力都被偷牛賊毀滅了。這一念之際，死神閻魔天附到他的身上，拿起被砍下的牛頭按到了修行者的脖子上，讓他成為恐怖死神。

恐怖死神名副其實，他利用自己的超能力報復仇人，殺死了所有偷牛賊。不僅如此，他還到處濫殺無辜，嗜血成性，用死者的頭顱做缽盂。轉眼間，整個藏區籠罩在血雨腥風之中。

為了結束這場噩夢，虔誠的眾生聚集起來，祈求大威德金剛幫助降伏那位修行者。在眾生的求救聲中，大威德金剛開示道：「這並非大慈大悲的能力就能辦到，要想克服這股強大的怒火，只有讓怒火重新轉世。」為此，大威德金剛化現出水牛頭，變化出忿怒八相，來到閻魔天居住的宮殿。

魔殿有三十四扇窗戶，十六道門，文殊菩薩的憤怒化身見此，以智慧的戰術展開三十四臂和十六足，封堵住閻魔宮殿所有門窗。然後，他

開始調伏閻魔天的瞋恨，並對他弘法。閻魔天被困殿內，終被勸服，皈依了佛法。

拳頭的煩惱

「禪者心也，心中有禪，坐亦禪，立亦禪，行亦禪，睡亦禪，時時處處莫非禪也。禪也是頓生的，特定的時間，特定的空間，人頓悟，得禪意。」金剛拳菩薩正是有此禪定，才能在世人的誤解中予以寬容，最終贏得讚譽。

一個人本事太大未必是件好事。有時候，力量超過常人會為自己帶來無上的榮譽，也極有可能引來不必要的煩惱，受到人們的誤解。

金剛拳菩薩的遭遇就是一個很好的例子。

按照百姓的邏輯，無論神佛，都應該是尊貴慈善的形象，偏偏金剛拳菩薩長著一雙凜然豎眉，加上身形魁梧，往往不用開口說話，只要站在世人眼前，就會讓人望而生畏。哪有百姓會相信，眼前這位彪形大漢竟然是佛祖的四大親近侍衛之一，也是一位得道的菩薩。

金剛拳菩薩雖然面相兇惡，還不至於人見人怕，真正令人畏懼的是他的拳頭。

金剛拳菩薩拳頭的威力，就是他煩惱的源頭。

一次，金剛拳菩薩在外遊學修佛的時候，途徑一個村莊。

這時，忽然發生一場動亂，婦女、兒童紛紛呼救奔走，金剛拳菩薩不明所以，就趨前查看，發現是一頭發了瘋的野豬衝進了山莊，見人就拱。村裡這些老幼婦孺哪裡經得起野豬的衝撞，紛紛躲避。見此情形，金剛拳菩薩趕忙大步向前制止野豬，誰料金剛拳菩薩一拳下去，野豬竟然一動也不動地砸在了地上，激起滿地塵土。

《八大菩薩曼荼羅經》裡稱八大菩薩為：文殊菩薩、觀世音菩薩、金剛手菩薩、虛空藏菩薩、地藏菩薩、普賢菩薩、彌勒菩薩、除蓋障菩薩。通常，佛教造像多依此經。

村中男女老少，無不驚恐，這簡直比野豬傷人還要恐怖啊！何況金剛拳菩薩又是一個長相兇悍的外來人，頓時嚇得人們不知所措。

金剛拳菩薩做了好事，非但沒有受到應得的感謝，反而讓村中百姓誤解，家家戶戶緊閉屋門，誰也不敢出來，片刻間整個村子見不到一個人影，死一般的寂靜。已經趕了很久路的金剛拳菩薩剛剛落腳，本想在村子裡化緣的，誰知竟被當成了惡人，況且他原本是為村民做了好事。

金剛拳菩薩知道自己的長相和拳頭為他惹來了不必要的煩惱，但這是無法改變的，只能讓他學著釋然。拳頭雖然為他帶來了很多麻煩，但也因為有這拳頭，他才能幫助弱者驅除野獸，也讓他有能力保護自己和如來佛祖。

金剛拳菩薩在村子裡受到了不應受到的委屈，但他既沒有沮喪，也沒有責怪村民。他知道自己需要用行動感化這些對他帶有誤解的村民，

於是，他隻身在村中開壇講佛法，漸漸地，村民們受到了金剛拳菩薩佛法精神的影響，終於有人家打開大門為金剛拳菩薩施捨飯菜。

日積月累，金剛拳菩薩善良的德行終於感化了全部村民。後來，村民們將金剛拳菩薩視為保護神，虔誠供奉。

小知識

金剛拳菩薩，是北方不空成就如來四親近之一，亦是金剛界曼陀羅三十七尊之一。祕藏記末曰：「金剛拳菩薩，青色，二手作拳，揚當心，腕稍屈垂。」其修行為：持結合之德，成就一切之印契，標以拳之三摩耶形。

瘟疫中的善行

「有諸眾生，為種種患之所困厄，長病羸瘦，不能飲食，喉唇乾燥，見諸方暗，死相現前，父母親屬，朋友知識，啼泣圍繞。」對疾病死生的理解，促成了救脫菩薩行善的目標。

　　古代，肆無忌憚的瘟疫，常會令整個城鎮或國家走向滅亡。人們面對瘟疫束手無策，醫療上的不足，使得百姓只能坐以待斃。

　　有一年，一個縣城爆發了瘟疫，染上疫病的人，不到數小時就死亡，每天都有數十人死去。在科學不發達的古代，民間流行了瘟疫，以趕鬼愚民的巫婆就會趁機而起。有一個巫婆，站在城隍廟的木臺上，瘋狂地亂跳亂叫，高聲大喊：「誰要是喝了我的神水，就不會染瘟疫！」

　　百姓們爭相買水搶水，但喝了神水的人反而染上了重病。這時，尚未修行成道的救脫菩薩經過這裡，看到人們在疾病面前的絕望和恐懼，便決定留下來幫助這裡的百姓。

　　抗爭瘟疫的第一件事，當然是安撫百姓們慌亂的心情，趕走那個招搖撞騙、趁機發財的巫婆。

　　救脫菩薩來到木臺前，指著巫婆呵斥道：「這分明只是混了泥沙的污水，哪裡能治病救人？快離開這裡，不要再騙人了！」

　　被當面戳穿謊言的巫婆被百姓們憤怒的情緒驚嚇得不輕，忙不迭地逃跑了。

　　沒了騙子，剩下的工作便是專心解決瘟疫。可是沒有乾淨的水源，

成了一個大問題。百姓們的用水無法得到良好的保障，即使健康的人也會撐不住。

救脫菩薩來到井邊，只見井水被污泥堵住，實在沒辦法飲用，救脫菩薩對百姓們說：「井水這麼污穢，怎麼會不生瘟疫呢？我們要把井底的污泥挖出來，讓地下的清水浮上來，這樣就可以擺脫瘟疫了。」

此時的百姓對救脫菩薩仍不能完全相信，他們不認為清水可救治瘟疫，又覺得井底又髒又臭，都不肯下井挖泥。

救脫菩薩看出百姓的顧慮，首先挽起衣袖、褲管跳下了井內。

《菩薩引路圖》，描繪菩薩為亡靈引路升極樂世界的場面。

沒過一會兒，百姓們也紛紛跳進井內一起挖泥。一番辛苦，挖了幾十桶污泥，終於將井底的污泥清理乾淨了，一股清涼的泉水從地底噴出。井上的百姓無不歡呼雀躍。

救脫菩薩在井底找到了十多隻腐爛的死老鼠，他把死老鼠全部撿到桶裡，升到井口。

「你們看！」他嚴肅地對圍觀的人說：「這麼多死老鼠在井底腐爛，井水怎會沒有毒呢？」

　　在救脫菩薩盡心竭力地照顧和幫助下，百姓們最終戰勝了瘟疫。

　　從此以後，井水變清，地方上再也沒有瘟疫，救脫菩薩不僅破除了巫婆的迷信，還解除了瘟疫的威脅，他成了人們心目中的活菩薩。

小知識

　　救脫菩薩，以救人脫離病苦、災難而得名，其形象常為：偏袒右肩，身體彎下來，跪著合掌。

通天地的柱子

「欲知前世因，今生受者是；欲知來世果，今生作者是。」

那羅延菩薩曰：「世間、出世間為二。世間性空，即是出世間，於其中不入不出，不溢不散，是為入不二法門。」那羅延菩薩即金剛大力士菩薩，相當於密宗的金剛藏菩薩。金剛藏菩薩具有無上神力，在任何時間、任何環境都不會被打倒。

提到佛教中的守護神金剛藏菩薩，要從女媧補天開始說起：

相傳，遠古時女媧歷經千辛萬苦將天的破洞補好了，黎民百姓免受苦難。但是就連女媧也要敬畏自然界的力量，天上的漏洞補好了，不一定能保天下蒼生平安生活。

金剛藏菩薩。

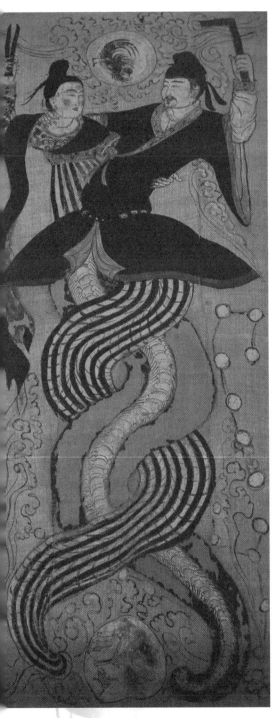

補天的女媧知道自己終將在洪荒宇宙中消失輪迴，便做了幾件法器，命「四大金剛」鎮守天地間的平安。金剛藏菩薩是這「四大金剛」中的一位，他用的法器則是可通天地的金剛柱。

這根金剛柱上通天，下通地，如果後世天地崩塌，用這根柱子可以暫時支撐保一時平安，以備其他的神佛想辦法重新維護人世間的安定。

漫長的日子裡，金剛藏菩薩盡忠職守守護著天地的秩序。在宇宙洪荒一角守護著天地，必然要承受巨大的孤獨，而這種孤獨永遠不會終止。

金剛藏菩薩從沒有抱怨，他一邊守護擁有女媧神力的柱子，一邊潛心進行自己的佛法修行。

修行過程中，金剛藏菩薩也會心灰意冷。畢竟在同樣的地方一待就是幾千萬年，的確寂寞。但他明白自己的使命，知道自己肩負著不同尋常的重擔，因此，即使他的心靈承受荒蕪孤獨之苦，總有

伏羲和女媧據說是人首蛇身，本為兄妹，後結為夫妻，被尊為華夏先祖。

信念繼續支撐他繼續堅持。

這種大覺精神，正是金剛藏菩薩身為一個守護神的偉大。

金剛藏菩薩漸漸從自己的職能中開始了新的修行，修練大乘佛法，最終，這位念力強大的金剛證為大乘菩薩，成就了自己的佛業。

小知識

金剛力士，中國古代的傳說中是守護四極的天神，女媧補天後，為了不讓四極折斷，派了四名金剛力士守衛，世稱「四大金剛」。每個金剛長三十丈，力大無窮，一切妖魔鬼怪都不敢冒犯。

第三章

十八羅漢的
平常心

羅漢，即為阿羅漢，他們是佛的得道弟子，是小乘佛教修行所獲的最高果位。

修到羅漢的境地，已經斷盡三界煩惱，滅除見、修二惑，永遠解脫輪迴。

阿羅漢的梵名為 Arhat，這個詞有三義：

其一曰「殺賊」，即殺一切煩惱之賊，佛教把眾生因無明迷妄所引起的各種煩惱、疑惑、癡迷等情，稱之為心中之「賊」，認為它們是擾亂人們內心清靜、妨礙修行的有害情感。而阿羅漢已經滅盡了這種種「心中之賊」。

其二曰「應供」，謂到了阿羅漢果位，已經斷滅一切能導致生死流轉的「有漏」法，身心清靜，應受人天供養。

其三曰「無生」（或不生），即是說阿羅漢已進入永恆不變的涅槃境界，不再進行生死輪迴，已達不生不滅的境界。

勸導國王出家

「端坐神鹿、若有所思、泰然自若、清高自賞。」高官厚祿，在佛的眼中實在微不足道。

坐鹿羅漢，佛經中對他有這樣的記載：道行極深，亦神通廣大。

這並不需要質疑，假使坐鹿羅漢沒有獨到的本領，也不會被佛祖定為十八羅漢之首，更不會被欽定為接引未來佛的「四大聲聞」之一。

剛成道時，坐鹿羅漢並不懂得藏拙於巧，反而急於彰顯自己的本領。

當時，有個樹提伽長者把三個栴檀鉢放在一個絲織的袋子裡，連袋帶鉢，一起掛在離地有好幾丈高、用象牙雕刻的樑柱上。

他向眾人宣布：「如果有人不用梯子就能把它取下來的話，我就會把檀香鉢送給他。」

坐鹿羅漢對目連說：「你的神通第一，為什麼不把它取下來呢？」

目連說：「我怕佛陀會怪罪下來，所以就放棄了。」

坐鹿羅漢見目連不肯施法，便決定親自出馬，他回到房裡，入了禪定，在座上招了招手就把鉢拿下來。

佛陀知道這件事情後很生氣，他對坐鹿羅漢說：「身為比丘，就不該為一個外道的鉢盂，在沒有受戒的群眾面前輕易表演神通。從今以後，我不允許你住在閻浮提了，以免別人說我們妖言惑眾，你好自為之吧！」

坐鹿羅漢離開閻浮提後，來到西瞿耶尼洲，在那裡教化眾生，宣揚佛法。

自從他離開後，閻浮提的人都很想念他，大家在佛陀面前討了個人情，坐鹿羅漢才得以召回。

可是佛陀卻不准他入涅槃，要他永遠留在世間，住在摩梨山上，為眾生造福。

從這以後，坐鹿羅漢收斂了許多，只有在路上見到老弱病殘需要幫助的時候，才會稍微顯示一下神通，幫助人們度過苦難。

有個天竺人，聽說坐鹿羅漢得到佛陀的吩咐，為末世眾生做福田，就準備了上好的齋飯，祈禱坐鹿羅漢光臨。

他在家裡的椅墊下放了許多鮮花，打算來驗證一下坐鹿羅漢的神通，可是等到所有僧人離開後，卻發現椅墊下的鮮花全部都萎謝了，原來坐鹿羅漢根本沒有到來。

天竺人心裡十分難過，但又不曉得錯在哪裡。他請教完會講經的大和尚後，又舉行了第二次齋僧大會，並且依舊在椅墊下鋪了鮮花。可是吃過飯後，發現鮮花依舊萎謝。

接著，天竺人又舉行了第三次齋僧大會，他寧願傾家破產，也要達到目的。怎曉得所鋪設的鮮花，還是和以前一樣。

天竺人請來一百多位大法師詢問究竟，並向他們懺悔。

這時，一個上座老和尚說：「你三次請我，我都來了，只是你的家奴在大門中間擋住了我。他看見我年老體衰，衣服既髒又爛，認為我是一個被寺門趕走的僧人，就拒絕我進門。我看到你誠心請我，就強行進入，可是你的家奴卻用杖打我的頭，打破了我頭上的右角瘡。第二次我

又來，勉強走進角門，你的家奴又將我打了出來。第三次來的時候，被你的家奴打中了我的左角瘡，既然你們不讓我進來，我也就無福消受了。」

說完，忽然不見，原來他就是坐鹿羅漢。

從此以後，凡是有人齋僧作福，都不敢讓人擋在門口。若是請得他降臨，所坐過的椅子下面的鮮花，很久都不會萎謝。

一次，坐鹿羅漢為幾個遠方而來的和尚到城裡化緣，對方是一個貪婪吝嗇的婦人。

那婦人見到坐鹿羅漢，連忙催著他趕快離開。誰料到坐鹿羅漢非但不走，反而盤腿坐下入定起來。那婦人一邊烙餅，一邊暗自觀察坐鹿羅漢，發覺他竟如死人般一動也不動。這可把婦人嚇得不輕，趕忙向坐鹿羅漢跪拜哀求寬恕。

坐鹿羅漢醒來以後，婦人又反悔了，只給了他一塊很小的烙餅。

不料這餅剛到坐鹿羅漢的飯缽裡就立即變大，之後，許多大餅跟著跳進了他的飯缽。

這位婦人又嚇又氣，坐鹿羅漢解釋說：「施主，我並不是要吃這些餅，只是我有些遠方而來朋友，他們一路顛簸，飢腸轆轆，實在需要充飢。」

婦人聽他這樣說，也覺得自己有些吝嗇，便端出所有的餅送給坐鹿羅漢。

坐鹿羅漢謝絕了婦人的好意，說道：

坐鹿羅漢。

170

「謝謝妳的善心，這些餅已經足夠了，妳會有福報的。」

坐鹿羅漢的修為越來越精進，有一天，他想起過去做官時曾侍奉的國王。

坐鹿羅漢出家前原本是古印度優陀延王的大臣，幾乎權傾一國。有一天，他忽然覺悟要剃度做和尚，為了防止國王阻止他出宮，就直接跑到了深山中獨自修行。

此時，坐鹿羅漢已經功德圓滿，便想著渡化國王一同皈依佛門。

第二天，皇宮前的守衛忽然看到一位騎著鹿的和尚從天而降，眾人驚訝之時，有人認出了他是過去的跋羅墮闍大臣，就連忙向優陀延王報告。

國王得知自己寵信的大臣終於回來了，親自跑出宮門迎接坐鹿羅漢，並表示國家重要的職位仍然虛位以待，等著他回來。

此時的坐鹿羅漢早已不會被這些名利束縛了，他對國王說，此次回來不是想要做官，而是想勸導國王陛下皈依佛門。

這說法聽起來很可笑，可是很快，國王就被坐鹿羅漢打動，認為人世間的慾念十分可憎。

最終，如坐鹿羅漢所願，國王讓位於太子，自己隨坐鹿羅漢出家修行。

小知識

坐鹿羅漢，又稱賓度羅跋羅墮闍尊者，是佛教「十八羅漢」中的第一位，又是佛陀指定接引、輔佐未來佛彌勒的「四大聲聞」之一。賓度羅為印度姓，是貴族婆羅門的望族，跋羅墮闍是名。

微笑著辯論

「妖魔除盡、玉宇澄清、揚手歡慶、心花怒放。」歡喜歡喜，既為他人帶來了歡樂，又使自己心情愉悅，這才是真正的業力。

　　佛門眾弟子中，能言善辯的不在少數，很大一部分神佛本身就是優秀的演說家或雄辯家。

　　但無論演說還是辯論，有一個良好的心態是很重要的。

　　歡喜羅漢尚未出家之前，職業就是論師，可想而知，這位羅漢的學識和口才都是不同凡響的。

　　辯論總有辯論的技巧，也有辯論要遵守的規定。當然，在辯論場上，你爭我論，發生不愉快的事情實在正常不過，兩個辯論者爭執得面紅耳赤並不少見。

歡喜羅漢。

　　歡喜羅漢身為一個優秀的雄辯家，有一個優點為人津津樂道。如果看到辯論場上總有一個人無論什麼情況下都面帶微笑，與對手談經論道，而且話題基本十句中七、八句都離不開喜慶的問題，那一定就是歡喜羅漢了。

　　沒錯，歡喜羅漢最被人稱讚的不是他過人的才學，也不是他

卓越的雄辯才能，而是他無論什麼情況都能面帶微笑與對手辯論的心態。這既展現了歡喜羅漢廣闊的胸襟，更展示出了他對辯論真誠地熱愛，這絕非追求一朝一夕的勝利可比。

可以說，正是因為淡泊名利，歡喜羅漢才會有如此好的心態，在辯論之時保持微笑，既令對手心情愉悅，也使自己享受了辯論的樂趣。

歡喜羅漢不僅善於辯論，演講上同樣很有修為。

唐卡——《四羅漢圖》。

一次，有人專程請歡喜羅漢前去演講，歡喜羅漢欣然應允。

當他興趣盎然地說到一半時，突然被一個聽眾打斷了。歡喜羅漢並沒有表現出任何惱怒或不滿的情緒，而是面帶微笑地詢這個聽眾有什麼地方不理解。

這位無理的聽眾朗聲問道：「什麼叫做喜？」

歡喜羅漢聽到問題以後，緩緩地解釋說：「由聽覺、嗅覺、視覺、味覺和觸覺所感受到的快樂便是喜。」

這位聽眾仍不滿足，又問：「什麼是高慶？」

歡喜羅漢繼續微笑著解釋：「不由耳、眼、口、鼻、手所感覺的快

樂，就是高慶。比如誠心向佛，心覺佛在，即感快樂。」

當這位故意搗亂的聽眾仍然帶著不滿的情緒，想要繼續發問。在場的聽眾，以及歡喜羅漢的眾弟子開始憤憤不平了，忍不住出言制止這位莽撞、不敬的聽眾。

歡喜羅漢的臉上仍然保持著真摯微笑，他一邊示意弟子不要因此生氣，一邊安撫在場聽眾的情緒。而後，他又誠懇地請這位不禮貌的聽眾繼續提出問題。

對於別人的刁難，歡喜羅漢不僅絲毫沒有怨言，還以自己的德行和完美的解說為那些對他存在著誤解的人們做出了最精彩的演講，令每一個聽過他演講的人，無不信服。

這位聽眾一次次的刁難，沒有惹怒歡喜羅漢，反而讓他明白了自己的狹隘和對佛的不恭敬，從此以後，在歡喜羅漢的感化下，這個人也開始了修行。

小知識

歡喜羅漢，又稱為迦諾迦代蹉尊者，是佛教「十八羅漢」中的第二位。因為歡喜羅漢在辯論和演講的時候始終都是面帶笑容，又因他在辯論之時多論喜慶而聞名遐邇，故被稱為「歡喜羅漢」，也稱為「喜慶羅漢」。

高傲的乞丐

與佛門有緣，僧人以募化乞食廣結善緣，故稱化緣。佛與眾生的因緣，往往是不經意的。而所謂的化緣，即是指化渡的因緣。

出家人化緣，會因不同的性格產生出不同的化緣方法。

舉缽羅漢，身為一名極具平等慈悲之心的行者，他的化緣方式實在與眾不同。

如果你見到有出家人高舉著鐵缽向你化緣，不要多想，這一定是舉缽羅漢。至於為什麼要以這樣的方式化緣，用他自己的話來講，是希望能夠為眾生種下福德，能夠福利世人。

當然，不同的神佛感悟眾生時，有自己不同的言傳身教方式。歸根結蒂，他們的意圖始終是為世人著想。

不過，舉缽羅漢這種化緣方式並不是對誰都可行的。在化緣時，他也經常遇到不理解他的百姓，認為他高傲，所以不肯佈施飯菜，以至於舉缽羅漢受凍挨餓成了家常便飯。即便如此，舉缽羅漢也沒有改變過他的化緣方式，始終認為這種化緣方式有重要意義。

舉缽羅漢。

供養禮佛圖。

有一次，佛陀的眾弟子產生了爭執，舉缽羅漢也在其中。

他是一個個性十分衝動的人，在弟子們爭執不下的時候，舉缽羅漢越吵越激動。

爭執聲最終將佛陀引來了，此時舉缽羅漢仍然不肯作罷。於是，佛陀便把眾弟子集合起來，給大家講了一個長生童子的故事：

相傳，長生童子本是長壽王的兒子，長壽王長年與鄰國打仗，就把王位讓給了他，自己索性帶著王后跑到鄰國境內。

不想，長壽王夫妻在鄰國遭到了暗殺，臨死前，長壽王囑咐兒子要忍耐。

後來，長生童子隨侍鄰國國王外出打獵，中途國王因為勞累打起了瞌睡，長生童子拔出匕首想趁機殺死國王。這時，他突然想起父親臨死前告誡自己要忍耐，便罷手了。此時，恰好國王醒來了，見到長生童子神色有變，就問他要做什麼，長生童子就把真相告訴了國王。

國王得知實情以後，很感動，就將長生童子招為女婿，並送他返回自己的國家。

因為長生童子肯忍辱負重，才使兩國化干戈為玉帛。

說完了故事，佛陀語重心長地告誡弟子們：「比丘們的使命是恩惠眾生，更不應該有爭吵。」

舉缽羅漢聽了佛陀講的故事後，深受感動，慢慢地學會了克制，證得了阿羅漢果，只是急躁的性子始終沒能完全改掉。

因此，舉缽羅漢的形象總是雙腳著地，即使坐在石頭上，也是身體前傾著，彷彿隨時要站立起來去做什麼事一樣。

佛陀最後的弟子

「七層寶塔、佛法通靈、威而不怒、道行超群。」一日為師，終生為父，佛陀以心傳心教誨弟子，即使佛陀不在，也會銘記其功德。

托塔羅漢出生在舍衛城一位長者家中，據說，他出生之時，舍衛城顯現出了不同尋常的徵兆。

托塔羅漢。

當時正值炎炎夏日，乾旱已久，托塔羅漢出生那一刻忽然降下了甘露，而且伴隨著美妙的天樂，滿城歡喜，歡聲雷動。

托塔羅漢降生時帶來的吉兆令他的父母十分高興，認定托塔羅漢必然是成就大事業的聖者。

在托塔羅漢滿月那天，父親請來有名的相師為他占卜。

托塔羅漢的命相確實與眾不同，相師取出卦籤，忍不住驚讚：「我實在沒見過這樣好的卦象。這個孩子的出生時天降甘露，天樂奏響，這是老天在歡慶他的降生。我敢確定，這個孩子將來一定是人類的福星。如果你們送他出家禮佛，必定能夠成為聖者。」

聽到相師這番讚嘆，托塔羅漢的父母更是喜出望外。在家人的萬般呵護下，托塔羅漢順利度過了童年時期。

　　不過，有件奇怪的事始終令托塔羅漢的父母感到不解。托塔羅漢不像其他的孩子一般需要吃奶，他的手縫間能夠自然湧出白色的乳漿供自己吮食，因此，托塔羅漢成長得十分迅速。其他同齡的孩子還不會說話的時候，他已經能夠正常行走了。

　　此外，托塔羅漢很早就顯現出聰慧過人的一面。

　　三歲時，他就能過目不忘，儀態也是十分端莊，氣度超凡。

　　托塔羅漢大一些的時候，去拜會舍衛城的祇園精舍。

　　一踏入精舍門檻，他的一雙慧眼就看到了佛陀身體周圍散發的光輝，並能認出所呈現的光芒是「三十二相」。於是，托塔羅漢毫不猶豫地走到初次見面的佛陀身邊，跪拜請求佛陀收他為弟子。

　　佛陀看出托塔羅漢具有慧根，應允他剃度出家。

　　托塔羅漢年紀雖輕，但自身天賦極高，又勤於修行，很快造詣便超越了其他同門師兄，最終成就了阿羅漢果。

小知識

　　托塔羅漢，又稱為蘇頻陀尊者，是佛教「十八羅漢」中的第四位。在佛教中，塔是承載佛骨的器具，也是佛的象徵。托塔羅漢是佛陀所收的最後一位弟子，他為了紀念佛陀，時刻將塔放在身邊，表示佛陀常在。

修成正果的武士

「清淨修心、神態自若、安詳瑞慶、進彼極樂。」若能放下，立地成佛，是再好不過的人生頓悟。能夠放下的人，自然得到快樂，放不下的人，則註定忍受煎熬。

靜坐羅漢原本可不是能坐得住的人，出家之前的他是一位真正的武士。他身體強壯，戰功卓著，在殺伐征戰的軍旅生涯中，養成了粗暴的性格，老人婦孺見到他唯恐避之不及。

無休無止的戰爭，即使是鐵骨錚錚的硬漢也有厭倦的一天。

靜坐羅漢也是如此，他見慣了刀光劍影和生死無常後，開始反問自己：「到底人生追求的是什麼？難道只是在戰場上耗盡自己的生命？」

就在靜坐羅漢最迷茫的時候，他遇到了在外遊學的佛陀。

於是，靜坐羅漢問道：「尊者，請您告訴我什麼才是人生？」

佛陀微笑著回答：「人生即是你所追求的真理。」

靜坐羅漢仍然無法理解，繼續追問：

靜坐羅漢

「什麼才是我所追求的？」

佛陀嘆道：「如果你連自己的追求都不知道，不妨沉靜下內心，靜坐修行，暫且放棄你做武士時的粗魯野蠻。這樣的話，你的心靈會給你答案。」

靜坐羅漢聽後，就依照佛陀的指示，沉靜內心坐在地上，開始思考自己的人生。但他無論如何也靜不下心來，反而越急越亂，煩躁不堪。

佛陀明白靜坐羅漢做了太久的武士，一時之間無法跳出殺伐的生活，因此開導他說：「靜坐修行不在旦夕，你只有去除心中的恐懼、迷茫，方能真正放下。」說罷，佛陀也盤腿坐在地上，陪著靜坐羅漢一同修行。

靜坐羅漢回想著佛陀的訓誡，再一次試著打坐。

這一次，靜坐羅漢感覺心中的雜念減輕了許多。他輕閉雙目，緩和呼吸，似乎能感受到微風的拂動，鳥兒的鳴叫，緊張浮躁的情緒也漸漸緩和下

洞中入定。

181

來。

當靜坐羅漢再次睜開雙眼時，不禁發現眼前的世界似乎變得和之前不一樣了。

佛陀看到靜坐羅漢臉上歡喜的笑容，明白他已掌握了修行的要義。

在佛陀要離開的時候，靜坐羅漢忽然跪拜下去，請求佛陀收自己做弟子，傳授自己無邊佛法。

此後，靜坐羅漢跟隨佛陀剃度出家，徹底拋棄了過去的征戰生活。

最終，他在修行上求得了正果。

꽃 小知識

靜坐羅漢，又稱為諾距羅尊者，是佛教「十八羅漢」中的第五位。靜坐羅漢打坐唸經的時候，仍能顯現出強健的體格，與其他佛弟子相比顯得格格不入，因此得名「靜坐羅漢」。

跋山涉水的傳經人

「身負經卷、東渡傳經、跋山涉水、普渡眾生。」如此辛苦，只是為了將佛法傳授給更多的人，這種犧牲小我的精神，成就的是無量功德。

人們都很熟悉唐玄奘從東土大唐前往西天取經的故事，歷經九九八十一難，終於求得真經。

在歷史上，還有這樣一位犧牲小我、造福蒼生的傳經人。他不遠萬里從印度乘船出發，最終抵達東印度群島中的爪哇島，將佛教真經傳授給沿途的百姓。由於不遠萬里過江傳經的事蹟，他被稱為「過江羅漢」。

說起過江羅漢的人生，必須要講到佛緣。

過江羅漢從出生到出家，整個過程都顯示著一種特殊的緣份。

佛陀尚未出家的時候，過江羅漢的父親是皇家御用車夫，他原本希望自己

過江羅漢。

183

生下一個兒子，將來好替皇家駕車，這樣，他們的家族事業才不會中斷。後來，過江羅漢的父親知道佛陀是轉輪王的轉世，便去對佛陀說：「我本來希望能有個孩子，將來像我一樣為您做車夫，現在您既然出家了，這個想法就沒有意義了。但我仍然希望有一個兒子，將來給您做侍者。」

佛陀有無限神通，他知道這位車夫將來一定能生下兒子，而且這個孩子會出家成為聖者。於是，他應允道：「好，你是個老實人，將來一定要說話算數。」

後來，這位車夫的老婆果然懷孕生下了一個兒子。

車夫老來得子，一家人高興極了。這個小孩子漸漸長大，到了應該上學的年紀，車夫便請來許多有名的老師，教授孩子學問和技術，希望孩子成為一個學識淵博的人。

孩子一天天長大，與佛的因緣也越來越近。

佛陀的父親淨飯王逝世的時候，佛陀趕回來為他唸經超渡，正好又遇見了車夫。

佛陀對車夫說：「以前你答應過我，孩子生下來以後要為我侍者，現在你要兌現諾言了。」

車夫是遵守諾言的人，他將自己的孩子交給佛陀，並囑託道：「你跟著佛陀去修行吧！這是我在你沒出生之前就答應佛陀的。」

過江羅漢十分具有善根，聽到父親這樣說，並沒有難過，反而認為跟隨佛陀出家修行是一件很高興的事。

出家以後的過江羅漢在佛法的修行上很用功，到了二十歲時，便開始正式接受比丘戒。

很快，這位從一出生便被指定為佛侍者的弟子就證得了阿羅漢。

修成正果以後，他又主動申請過江傳經，得名「過江羅漢」。

　　過江羅漢，又稱跋陀羅尊者，是佛教「十八羅漢」中的第六位，在梵語中「跋陀羅」譯為賢者。另有説法，古印度有一種稀有的樹木名叫跋陀羅，過江羅漢的母親正好在此樹下生的他，故而取名跋陀羅。

馴象師的佛緣

「騎象軒昂、頌經朗朗、心懷眾生、目及四方。」在世間，我們的身體會有病痛、心靈會有煩惱，當發生不順心的事情時，只要你起心動念為大眾著想，那麼你的心就能永遠平靜。

　　佛陀的弟子們大多出身貴族，也有少數處於階級底層的窮苦人民，不過仔細算來，眾弟子中，有正經職業能為自己謀生還真的很少。

　　騎象羅漢在十八羅漢裡很特殊，這不在於他出身有多麼高貴，或人生經歷有多麼辛酸，只因他的職業，在古印度時期著實與眾不同。

　　騎象羅漢出家前原是一名馴獸師。當時的國王請馴獸師調教一隻大象，請來的正是尚未出家的騎象羅漢。

　　騎象羅漢馴象技術熟練，很快調服了大象，將大象獻給國王。

　　古印度時期，大象被視為神聖的吉祥物。國王得到大象後自然很開心，命令宮人將貴重的黃金珠寶全都拿了出來，一併裝飾在大象身上，大象被裝扮得金光閃閃。國王虛榮心得到了滿足，就騎著大象耀武揚威的遊街去了。

　　大象走到半路，突然發起狂來，無論如何也無法駕馭，四處衝撞亂跑。

　　國王在大象背上被顛簸得頭昏目眩，好不容易抓住了一根樹枝才避免被大象摔死。

　　他回宮之後，很氣憤，命人把馴象師召來問罪。

馴象師面對氣憤的國王並沒有畏懼，平靜地解釋說：「我已經馴服牠了，不信我來做個示範。」說罷，馴象師拿來一根燒得熾紅的鐵條，丟在大象面前，命令大象用鼻子捲起來。

果然，大象按照指示將燒紅的鐵條捲了起來。

國王見此情形，覺得不可思議，問馴象師：「為何你能夠讓牠在沒有壓迫的情況下聽你的命令？」

馴象師回答：「國王，我們雖然能夠馴服大象的身體，卻無法管制牠的心。牠在街上心生貪念，想尋找母象的時候，就發狂了。現在牠的慾望得到了滿足，所以聽從我的指令。」

國王聽了馴象師的解釋，理解了慾望可以滿足，但心靈無法滿足的道理。

馴象師接著說：「一個人受到貪念的控制，在心中產生

騎象羅漢。

嗔恨、嫉妒、傲慢，一切慾望都成為折磨自己的因素。如果人在精神上不易滿足，可能被這種不滿足的慾望主導，使人生的一切都不順利。甚至執著今生的一切，無法順利往生。」

這些人生真諦是馴象師透過馴象參悟的，足見他的慧根，也說明了他與佛的緣份。

後來，馴象師四處遊歷時恰好遇到了遊學的佛陀，經過佛陀的指點，馴象師得到了開悟。

他拜佛陀為師，正式出家修道。

由於馴象師在出家前已經開悟了人生道理，出家不久便證得阿羅漢果，因為之前是以馴象為業，故被稱為「騎象羅漢」。

小知識

騎象羅漢，又稱迦理迦尊者，是佛教「十八羅漢」中的第七位羅漢，他是釋迦牟尼佛的侍者。大象在佛法中象徵著力大無窮，能勞致遠。

不殺生的福報

「佛者漢言覺，將悟羣生也。其教以修善慈心為主，不殺生，專務清淨，其精者號為『沙門』。」佛教有教義禁止殺害生靈，擁有慈悲之心，在修行中有時候也是對自己的福報。

佛門弟子要遵守許多清規戒律，其中最重要的一條是不殺生。

當然，凡事也有例外，路上無意間踩死隻螞蟻，或是出家前過年殺隻雞什麼的也很正常。不過，佛陀眾弟子中，有一位在往生期間真正從不殺生的弟子，他便是笑獅羅漢。

笑獅羅漢身材魁梧健壯，儀容莊嚴凜然，一看就是正直的人。他證得阿羅漢果的修行之法其實非常簡單，就是絕不殺生。

不殺生一定有不殺生的福報，除了使他精進佛業以外，也使他廣結善緣，一生無病無痛，無災無難。

據說，笑獅羅漢因不殺生的修行而獲得了五種福力：不會因自然界變化的山崩地裂而死亡；不會被火燒水淹而死；不會遭遇盜賊的傷害；不會受王法的制裁；不會在刀兵戰火中失去性命。

有了這五種福力，笑獅羅漢的修行變得更加容易，也因此福力，他又被稱為「金剛子」，受到人們的尊敬和讚美。

笑獅羅漢還有一點很為人樂道：不管走到哪裡，身邊總會跟著一隻小獅子，誰也不知道這隻小獅子從何而來，又為何跟隨在笑獅羅漢身邊。

可是，只要認識笑獅羅漢的人便知道，他還沒有修成阿羅漢果的時候，這隻小獅子就跟在他身邊了。他證得羅漢後，因為身邊總有一隻小獅子，才被眾人稱為「笑獅羅漢」。

雖然笑獅羅漢具有別人缺少的神通本領，但他修行依舊勤奮，毫不懈怠，甚至比過去有過之而無不及。

有時候，笑獅羅漢會獨自靜坐，終日不動，不吃不喝，不眠不休，這種好學的態度令其他佛弟子紛紛效仿。

除了勤學苦修以外，笑獅羅漢又能言善辯，只看過一遍的經書，他便能背誦，又能講解得精妙絕倫，佛陀聽到都要忍不住稱讚一番。

可是，就是這樣一位能言善辯的羅漢，卻很少會主動開口說法，甚至多數情況他都終日不語。

一次，笑獅羅漢的師兄弟阿難陀問他：「尊者，你為何從不願意開壇講法，帶給眾人方便呢？」

笑獅羅漢回答說：「有時候，話說得太

笑獅羅漢。

多，未必就能受到歡迎，也許反而令人反感。我在寂靜中得到法樂，希望大家也能如此。」說罷，笑獅羅漢又帶著自己的小獅子進入了坐禪境界。

小知識

笑獅羅漢，又稱為伐闍羅弗多羅尊者，是佛教「十八羅漢」中的第八位。另有傳說，尊者曾是一位勇猛的獵人，連獅虎也能獵殺。後出家戒殺，將證阿羅漢果時，有兩隻小獅子走到他身邊感激他放下屠刀。

不開心的開心佛

「開心見佛、各顯神通、相互比其、佛力無窮。」出身未必能決定人生，開
心羅漢更是印證了出身與修為是無關的。

　　不論貴族或貧民都要尊重佛法，這是佛陀苦心修行得來的證果。但
有時候，出家人也會因衣衫襤褸受到歧視，尤其遇到貴族時，他們的證
果往往不及錦衣玉食有用。

　　開心羅漢曾經有過一段不開心的經歷──

　　開心羅漢本名戍博迦，有「賤民」的意思，可見他的出身並不好。

開心羅漢。

據說，佛陀在祇園精舍說法的時候，每天都要到外面托缽化緣。舍衛城的居民也十分願意施捨飯菜給佛陀和他的眾弟子。當時，城中有一群依靠行乞度日的乞丐，得知佛陀每天化緣都能得到施捨，便聚眾跟在佛陀後面行乞。這群乞丐總能因此得到一些殘羹飯菜，也算解決了溫飽。那時，尚未出家的開心羅漢便是這群乞丐中的一員。

時間久了，跟在佛陀身後的乞丐們覺得這個辦法難以長期實行，要想解決吃住問題，還得從根本上入手。這時候，有人提議不如跟隨佛陀出家修行，既能依法修行，又能吃飽飯，實在是一舉兩得。

於是，這群乞丐來到佛陀面前，懇請收他們做佛弟子。

佛陀說：「我收你們做弟子可以，但你們必須要遵守我的法，只有這樣，我才允許你們留在僧團做比丘。」乞丐們見佛陀應允，自然感到無上光榮，連忙點頭稱是。

這群乞丐成為佛弟子後，就留在了精舍。

一次，祇陀太子施設齋會，他知道精舍裡有一群乞丐也是佛陀的弟子，便下令在齋會上禁止設立乞丐比丘的座位。

佛陀得知這件事後，為了說服太子平等待人，便想辦法找到了開心羅漢等乞丐。佛陀對他們說：「我今天要到祇陀太子家裡去做客，你們可以去北方的鬱單越國，化一些熟粳米帶到太子家一同用飯。」

開心羅漢等人雖不情願，但領了佛陀的命令，還是認認真真地去準備了。很快，開心羅漢一行人都討來滿缽的熟粳米。眾人正準備趕往太子的府院，突然間，好似腳下生風，不知不覺間竟飄在了空中。沒過多久，乞丐比丘們飛到了太子家中。

祇陀太子見到一群從空而降的乞丐不禁大吃一驚，而且他們今天不

193

僅衣著整齊，儀表莊重，還散發著無限佛光。

驚訝不已的太子問佛陀：「這些都是哪裡來的大羅漢啊？」

佛陀微笑著回答：「他們就是被你拒之門外的乞丐比丘啊！」

太子聽到佛陀的回答不禁羞愧不已，認識到自己以貌取人的錯誤，趕忙命人添置桌椅、菜餚，親自邀請這些乞丐比丘共同用餐。

受到佛陀幫助的開心羅漢等人也深感佛陀的神通廣大，自此對佛陀更是心生敬重。而往日總因為自己的身分悶悶不樂的開心羅漢也豁然開朗，丟棄了自輕自賤的自卑心理，很快便證得阿羅漢果，成為了一位開心羅漢。

小知識

開心羅漢，又稱為戍博迦尊者，是「十八羅漢」中的第九位。關於開心羅漢的身分另有一種說法，他本是一國之儲，但他的弟弟為了爭奪皇位而作亂，因此開心羅漢對弟弟說：「我心中有佛，是要出家的，皇帝由你來做。」說罷，開心羅漢打開衣服，只見他的心中果然有一尊佛，因此弟弟才相信他，不再作亂。

不被祝福的私生子

「安悠自在、呵欠伸腰、神志靈通、自得其樂。」先天的佛性與後天勤懇的修行，幫助半托迦尊者成就羅漢果位。

富家女與貧窮出身的男子為愛私奔，在講究門當戶對的古代，實在是一件了不起的壯舉。

要知道，富家女一旦背離家族，選擇了溫飽都無法保證的男人，以後要面對的不僅是有家不能回的辛酸，還有無法再享受錦衣玉食的生活。這並不是任誰都能輕易承受的。

在一些故事裡，兩人為愛私奔之後，無法面對現實的生活，最終落得悲慘結局。何況兩人的愛情結晶往往不能被家族接受，私生子的惡名可能要背負上一生。

探手羅漢就是這樣一位不被祝福的「私生子」，幸運的是，外祖父最終接受了他，並讓他接受了良好的教育。

說到「私生子」身分，要先說說探手羅漢的母親。

探手羅漢的母親是王舍城內一位富商的女兒，姿色豔麗，貌美如花，追求的人多到踏破門檻。但這位富商女卻誰也看不上眼，在她二十歲那年，與年輕的家奴產生了私情。

下面的故事不必細說也能想到了，這段感情必然不能被富商接受。在年輕人的愛情面前，一切阻礙都起了反作用。富商強行阻止兩人見面，富商女與家奴決定連夜私奔。

雙雙出逃私奔後的，兩人日子雖然艱苦但也還算恩愛。沒過多久，富家女就發現自己懷孕了。懷孕後的富家女想趁機回娘家生育，也可以與娘家緩和一下關係。可是，一直被富商家恥笑謾罵的家奴不願自己的妻子回去。

就這樣，兩個人為了是否回娘家生孩子發生了爭吵。

富家女一怒之下在臨產前獨自往娘家走，沒等回到家，就在半路生下了孩子。因此，富家女為這個嬰兒取名半托迦，也就是後來探手羅漢。半托迦出生以後，富家女與家奴的生活又恢復了正常。過了兩年，兩人的小兒子也出生了，也就是後來的第十六位羅漢注荼半托迦。

兩個孩子在父母的疼愛下無憂無慮地生活，他們稍微懂事以後，半托迦突然向母親提出想見自己的外祖父。無奈之下，富家女只好帶著兩個兒子回到王舍城。

多年未見，富商看到兩個外孫子不禁喜出望外，但心裡卻無論如何原諒不了女兒私奔離家。

最終，富商留下了兩個外孫，自己的親生女兒卻用錢財打發離開了。

此後，富商整日陪著兩個外孫，疼愛有加，並

探手羅漢。

且經常帶著他們去聽佛陀講經。

　　起初，離開父母的半托迦仍會感
到不適應。久而久之，受到佛法教
導，他開始化解了母親不在身邊的痛
苦。半托迦感到自己受了佛經的啟
發，令他能看破紅塵束縛。有一天，
半托迦找到富商，請求外祖父允許自
己出家修行。富商得知半托迦的想法
後十分贊同。於是，富商便帶著半托
迦去見佛陀，請求他收半托迦為弟
子。

　　成為佛陀弟子的半托迦彷彿找到
了人生的意義，一心沉浸在佛經鑽研
中，加上他生性聰慧，悟性極高，很
快便遁入了佛道。沒過多久，出家修
行的半托迦證得了羅漢果位，被稱為
「探手羅漢」。

羅漢與觀音。

🌸 小知識

　　探手羅漢，也被稱為半托迦尊者，是「十八羅漢」中的第十位，半
托迦尊者與第十六位羅漢注荼半托迦是親兄弟。因半托迦尊者經常採用
半迦打坐法，將一腿架於另一腿上，打坐完畢會將雙手舉起，長呼一口
氣，故而得名「探手羅漢」。

在沉思中參悟

沉思中參悟人所不知，做事時能行人所不能，這便是知行合一。

身與心的存在，實際是物質實體與靈魂世界的兩相默契配合。假使一個出家人沒有身體力行的實踐，就不會有真實的心靈感悟與沉思。

沉思羅漢，人如其名，他經歷過苦行遊學後，便陷入無限的沉思。

他的沉思，既為自己證得了羅漢果位，也為世人帶來了啟蒙與真知。

據說，沉思羅漢本人長得十分俊秀。他面相豐腴、蠶眉彎曲、秀目圓睜，敦厚凝重的風姿之中又帶有幾分逸秀瀟灑的氣韻。試想，這樣一位貌相端莊的羅漢在你面前單手托腮陷入沉思冥想，該是怎樣一種莊重與威儀？

說到沉思羅漢的由來，則要先談到他的出生。

沉思羅漢出家成道前的本名叫羅怙羅多，他出生的夜晚，恰好出現了月食現象，當時大地陷入無邊的黑暗，凡世眾人皆在沉默中陷入冥想境界。因此，他的父親為他取名羅怙羅多。

沉思羅漢。

那晚，原本應該圓月當空，月色皎潔，一片晴明。可是，羅怙羅多出生那刻，天邊忽然出現了一道陰影，隨著羅怙羅多的啼哭聲越來越大，陰影似乎受到了感應也變得越來越大，最後竟將碩大的圓月遮得嚴嚴實實。

直到世界陷入一片黑暗，羅怙羅多終於停止了哭泣，瞪大著眼睛望著漆黑的夜色，似能感應到天時的變化，或者說冥冥中受到了召喚一樣。

羅怙羅多成長期間，他的經歷也似他不同尋常的出生夜一樣精彩。

年幼調皮的羅怙羅多總能化險為夷，有著許多與眾不同的經歷，這令本就具有天賦的羅怙羅多及早的領悟了人生的道理。他還未成年的時候，已經開通慧根，有了看破紅塵，出家修行的想法。

長大成人的羅怙羅多出家修道，經常一個人端坐在樹下，臉色凝重，陷入沉思。此時的心境一定是前所未有的空明，想問題也應該是前所未有的透徹。日復一日，在長久的沉思中，沉思羅漢悟透一切，趨凡脫俗，證得阿羅漢果。

小知識

沉思羅漢，又稱羅怙羅多尊者，他既是「十八羅漢」中的第十一羅漢，也是佛祖的十大弟子之一。羅怙羅多是古印度一種星宿的名字，古印度認為日食、月食是由這顆能蔽日月的星造成，沉思羅漢是在月食之時出世，就有了這個名字。

耳根清靜，閒事不聽

「閒逸自得、怡神通竅、橫生妙趣、意味盎然。」挖耳羅漢由醒覺而生認識，
面對世間俗事，一個清明的心境，才是清靜的根本。

挖耳羅漢是印度雪山山麓羯蠅揭羅村一位婆羅門的兒子，自幼受到
佛法良好的薰陶，這也促成了他日後的成就。

挖耳羅漢出家很早，在七歲時便被家人安排剃度出家。

一開始，挖耳羅漢只修習吠陀。他長到十五、六歲的時候，被父親
送到舅父的門下做一名沙彌。投身舅父門下的挖耳羅漢此時才接觸到阿
毗曇（即佛教的「論藏」）要旨。

進入修習階段的挖耳羅漢時常考慮宇宙和人生的奧祕，但舅父傳授
的知識總不能令他真正明白世間無常的變化。

一次偶然的機會，挖耳羅漢得知佛陀早年曾四處
遊學，便辭別了舅父，效彷彿陀的修行方式開始自
己的遊學經歷。

挖耳羅漢離開舅父後，第一個到達的地方是
古印度西北邊的舍竭國。

他在舍竭國遊學半月，親身體察百姓的
生活，感悟窮苦人民的內心，並且經常開
壇論道，向舍竭國人民傳授知識。漸漸

挖耳羅漢。

地，挖耳羅漢在舍竭國變得小有名氣，很多人都認識了這位樂於助人的遊學僧人。

挖耳羅漢的事蹟漸漸傳到舍竭國國王的耳裡，就派人把他召進了皇宮。

國王見到挖耳羅漢，問道：「你能說明人生的無常變化、善惡報應等佛法，以及佛教徒修行的問題嗎？」

挖耳羅漢思索片刻，回答說：「在家修行的居士也能夠修成羅漢，但在成阿羅漢果的當天則必須要出家，否則會有猝死的危險。所以，我們看到能夠成阿羅漢果的全是和尚。」

國王得到答案後，似乎並不盡興，接著提出了關於緣起、無我、業報、輪迴等佛教基本教義的問題。

挖耳羅漢針對每一個問題都進行了詳細地解答，最終沒有令國王感到失望。

國王得到真知的答案後，很開心，特地命人將這些問答記錄起來，

十八羅漢圖。

後來，這些內容被載入《那先比丘經》中。

　　挖耳羅漢對佛法的闡釋，源自他在各地行走之時對所見所聞的感觸。經歷一番遊學，年僅二十歲的挖耳羅漢已然受具足戒，成為修證阿羅漢果的最年輕羅漢。

小知識

　　挖耳羅漢，一般人稱他為那先比丘先生，又稱那迦犀那尊者，譯為如龍般的軍隊，比喻其法力強大，是「十八羅漢」中的第十二位。佛教中，有六根清淨之說，耳根清淨是其中之一，挖耳羅漢以論道《耳根》而聞名印度，也代表著他在耳根之修上的造詣。

快樂的捕蛇人

「無量壽佛、乾坤寶袋、歡喜如意、其樂陶陶。」布袋羅漢的歡喜，來自對世間眾生的熱愛，也因他的愛心，成就了無量羅漢。

　　貴族公子衣食無憂，如果不在事業上奮發圖強，通常會選擇一種愛好來打發時間。

　　詩書琴畫，哪怕是鬥蟋蟀，都算是說得過去的興趣與愛好。誰會想到，古印度波羅奈國首相家的獨生子竟然喜歡捕蛇，這著實令富甲一方的首相夫婦感到為難。

　　可是，首相夫婦偏偏對兒子的怪僻千依百順。即使心不甘、情不願，也只有這一個兒子，家財萬貫，全等著他繼承，更何況他們還是老來得子。

　　這個獨子就是布袋羅漢，他從出生起便被捧為掌上明珠，受到全家人的寵愛。還好，他並沒有養成紈絝子弟的習氣，除了捕蛇這個怪毛病外，布袋羅漢是一個十分勤奮好學的人。

　　隨著他漸漸長大，捕蛇的樂趣也變得濃厚。

　　布袋羅漢捕蛇並不是為了吃，也不是用來玩樂。他每天捕蛇，將蛇裝進布袋裡，只是為了方便行人過路，不必擔憂被毒蛇咬傷。那些被他捉了的蛇，也只是被拔掉毒牙，然後送去深山中放生。

　　誰會想到，布袋羅漢捕蛇竟出於這樣的原因，他的善心最終引導他出家修行也算是冥冥中的註定。

布袋羅漢成年後，就跑到父母面前懇請出家。

首相夫婦好不容易才有這麼一個兒子，當然不會答應，這令孝順的布袋羅漢為難了。

出家是他的心願，但父母有養育之恩，他既無法背棄生養他的父母，又做不到拋棄人生志願。

布袋羅漢。

兩難之中，布袋羅漢竟然想到捨命投生的辦法，他想，如果自己重新投生到窮苦家庭，應該就不會有這麼多麻煩了吧。

於是，布袋羅漢開始了他的尋死之路。

第一次，布袋羅漢選擇跳崖，竟然雙腳平穩落地，毫髮無損。

第二次，布袋羅漢準備投水，河水非但沒淹死他，反而把他送回了岸邊。

第三次，布袋羅漢選擇服毒自殺，他躺在草地上服食劇毒以後，過了一夜仍然健康如初。

幾度尋死都沒成功，令布袋羅漢感到更加苦悶：不能出

家，怎麼連尋死也不能成功？後來，布袋羅漢想到了犯法殺頭的辦法。

臨近傍晚，布袋羅漢潛入皇宮的御花園，偷偷盜走了正在沐浴的宮女們放在岸邊的衣物。

不久，國監發現布袋羅漢偷竊了衣服，命令侍衛將他抓回宮中，交給國王發落。

國王得知後十分震怒，當即拿起弓箭朝布袋羅漢射去。不料連射了三次，射出的箭都折返回來。

國王驚奇不已，問道：「你到底是何方神聖？」

十八羅漢唐卡。

布袋羅漢毫不畏懼，把自己的身分和求死的原因一一說明。國王聽後，不但怒意全消，還表示支持布袋羅漢出家，並派侍從傳首相覲見。

首相趕來，本以為自己的兒子犯了不可饒恕的罪過，沒想到國王竟然要求他答應布袋羅漢出家。

君命不可違，首相雖然捨不得自己的獨生子，但國王已經發話了，也只好答應。

國王親自將布袋羅漢帶到佛陀面前，請求佛陀收他為弟子。

心有慧根的布袋羅漢，成為佛弟子之後，在佛陀的親自教導下，很快證得了阿羅漢果。

小知識

布袋羅漢，也稱為因揭陀尊者，是「十八羅漢」中的第十三位，其布袋原是裝蛇的袋子。

雨中出生

「悠閒隱逸、傲視太虛、仙風道骨、超脫凡塵」這是芭蕉羅漢的寫照，是他身為護法羅漢的個性特徵。

　　有的神佛出生時帶著金銀珠寶，有的神佛出生時伴著虹光，芭蕉羅漢的出生卻伴著一場大雨。

　　相傳，這場雨下得很大，在屋子裡都能聽見大雨打得芭蕉樹沙沙作響聲。因此，芭蕉羅漢的父親為這個大雨中出生的孩子取名「雨」。

　　長大後的芭蕉羅漢，個性沉穩有禮，謙虛好學，很受人歡迎。受到佛法的指引，芭蕉羅漢選擇了出家修行的道路。出家以後，芭蕉羅漢仍然保持謙遜的態度，不僅在佛陀說法的時候用心聆聽，仔細思考，即便在同門師兄弟探討佛法的時候，也能保持恭謹的態度，認真聽取師兄弟們對佛法的學習心得。

芭蕉羅漢。

一次，眾弟子在有關本生因緣的問題上產生了困惑，眾人討論之後，不僅沒能求得真知，反而分歧越來越大。於是，大家便派代表請佛陀為眾人講解釋迦族的本生因緣。

　　佛陀思前想後，雖然這個問題並不難，但如果解釋得精彩透徹未免有些自我誇耀的嫌疑。故而，佛陀命人請來目犍連代為宣講。

　　目犍連經歷豐富，極具觀察力的他恰如其分地為眾人解除了困惑。

　　芭蕉羅漢聽到講解，心中對佛法的感悟彷彿進入了更深的層次。因此，他對自己說：「佛陀的確是真正的正果，也的確與生養他的釋迦族有著密切因緣。」此後，芭蕉羅漢繼續修行：乞食、研討、坐禪、唸經。

　　超脫的芭蕉羅漢有一個特殊的癖好，每當他參禪悟道的時候總喜歡跑到芭蕉樹下。

　　後來，有一次弟子們聚在一起討論佛陀說法的心得。此時，目犍連向眾人傳授了四句七佛偈語：「諸惡莫作，眾善奉行，自淨其意，是諸佛教。」看似簡單的四句偈語，蘊含的佛法意義卻無邊深厚，幾乎概括了佛教的宗旨。

　　在場的芭蕉羅漢聽後，深受啟發，這四句偈語對他的人生產生了深刻影響，令他身體力行地完成佛業修行。自此以後，芭蕉羅漢更加刻苦修行，幾乎天不亮便走到深山坐禪感悟。他在一片芭蕉林下，盤膝而坐，閉目養神，一坐便是整整一天。

　　這一切的苦行不會辜負芭蕉羅漢的心意，善於思考的本性加上勤於動腦的態度，令芭蕉羅漢在佛法的研習上進步飛快。

　　由於芭蕉羅漢本身好學，沒過多久便證得了阿羅漢果。

芭蕉羅漢，又稱為伐那婆斯尊者，在梵文中譯為「雨」，為「十八羅漢」中的第十四位。「芭蕉羅漢」名字的由來一說是因他證得羅漢果以後，經常喜歡在芭蕉樹下修行，故被稱為「芭蕉羅漢」，另一說則是因為他出生夜裡大雨打得芭蕉樹響聲極大，故此得名。

佛陀與十六羅漢唐卡。

嬰兒與長眉

「慈祥老者、得道高僧、通察大千、心領神會」這是對阿氏多尊者的評價。
在梵文中，其名字譯為「無比端正」，這位長眉尊者雖然在大千世界飽受苦難，
但內心的堅毅不曾動搖。

　　每位羅漢都有自己的特徵，長眉羅漢的特徵著實有些與眾不同。從
他的名字我們已經可以想像，長眉羅漢有兩條長長的眉毛，與護法羅漢
的魁梧形象有點格格不入。

　　據說，長眉羅漢的母親看到剛出生的嬰兒長有兩條長長的眉毛，嚇
得不輕，把他當作了轉世怪物一般看待。可想嬰幼兒時期的長眉羅漢除
了兩條眉毛奇異萬分，長相應該也不會多可愛。

長眉羅漢。

　　也許是這兩條長眉給長眉羅漢帶來了不幸的童年，父母竟然因為兒子的面相將其趕出家門。

　　還沒有生活能力的長眉羅漢有家不能回，只好流落在街頭乞討度日。

　　行人見到長眉羅漢

紛紛驚恐躲避，足以想像到他的面相有多麼醜陋。受到他人影響，靠乞討生存的長眉羅漢也開始嫌棄自己相貌。由於無人願意施捨，年少的長眉羅漢只好躲進深山老林，以野果、山泉來果腹。即便如此，長眉羅漢還是找不到自己的歸屬，山林中的鳥獸竟然一見到他就驚慌四散。

孤苦伶仃的長眉羅漢過著野人般的生活，他不管到哪裡，都因為醜陋的外表受到歧視。

後來，長眉羅漢可憐的遭遇被佛陀得知了。佛陀趕到深山之中傳授長眉羅漢佛法，以此來渡化他。

已經習慣躲避人類的長眉羅漢失去了溝通的能力，每次見到佛陀和比丘的身影就趕忙逃跑。

無奈之下，佛陀只好把自己變得更加醜陋以接近長眉羅漢。

這次，長眉羅漢見到來者是一個與自己相貌差不多的人，也許是因為同命相憐，終於接受佛陀做自己的朋友。

佛陀見到長眉羅漢接受自己，便對他說：「既然是朋友了，那我就先敬你一缽飯吧！」長眉羅漢想也沒想便迅速地把飯吃光了，當他再抬起頭時，發現剛剛那個和自己一樣奇醜無比的人竟然變得俊美異常。

長眉羅漢不禁奇怪地問道：「你是如何變好看的？」

佛陀指著不遠處坐禪的比丘回答：「剛才在你吃飯的時候，我很恭敬地看著那位比丘坐禪，這恭敬的心得到了果報，使我的容貌變得端正了。」

長眉羅漢因此變得高興，笑著說道：「要是這樣該有多好，相貌醜陋實在太辛苦了，我也想變得端正一些。」於是，長眉羅漢也恭敬地望著坐禪的比丘。這時，佛陀顯現出了原本的面貌。長眉羅漢不禁大吃

佛陀座下的韋馱天和長眉羅漢。

一驚，只見此刻的佛陀通身散發金光，樣貌端莊慈善，他不由自主地向佛陀跪拜下去，請求佛陀收自己為弟子。

佛陀很開心地應允，告訴長眉羅漢，他的兩條長眉並不是災難，而是因為他具有佛緣。

原來，長眉羅漢前世是一位和尚，但一直修行到老也沒證得果位，死後轉世為人帶著前世的執念，因此才形成了兩條先天的長眉。

長眉羅漢得知以後，終於接納了自己與生俱來的長眉。自此，他便跟隨在佛陀身邊修練苦學，最終成就了阿羅漢果位。

小知識

長眉羅漢，又稱阿氏多尊者，為「十八羅漢」中的第十五位。據傳，長眉羅漢與眷屬一千五百阿羅漢共同居住在鷲峰山。他的形象多為雙手抱膝，開口仰視，露出數顆脫落的牙齒。

獨特的化緣法

「威武標杆、警覺凝視、禪杖在握、勇熾邪魔」，不難想像，以看門羅漢這種兇悍的形象出現，他化緣時必然會遇到困難。

　　化緣是出家修行的一門必修課，也是出家人必備的生存技巧，決定了他們一日三餐。

　　照說出家人慈悲為懷，化緣時通常都能得到百姓們的幫助，但並不是每一個出家人都能成功化緣。

　　人除了面相不同，行事方式也有差別。假使一個相貌俊美的出家人和一個面相憎惡的出家人同時走到你家化緣，恰好你的飯菜只夠施捨一個人。這種時候多數人要偏袒相貌俊美的了。倒不能說人人都以貌取人，但慈善的相貌對出家人化緣確實很有影響。

　　如果身為出家人，既沒有慈善祥和的長相，又行事粗魯，化緣時就算不被百姓當成強盜，也會被趕出門去。

　　看門羅漢便是這樣一個不受歡迎的出家人，也許和他禪杖在握，警覺凝視的職責有關，粗魯作風為

看門羅漢。

他化緣帶來了許多不便。

　　看門羅漢化緣，甚至不能用簡單的粗魯形容，如果面相猙獰，語氣強硬還算先天不足的話，他那以拳敲門的方式在不明就裡的百姓眼裡，簡直與強盜無異。

　　每到一戶，看門羅漢都用拳頭重重敲打大門，將屋內的人嚇得不敢不出來。這種化緣和佈施的方式已經失去了佛教化緣的意義，但看門羅漢一直無法改正這個毛病，但他又要謹遵佛陀的教誨，按照佛法修行，到各處化緣。

《羅漢洗濯圖》

　　一次，看門羅漢來到一個窮苦人家。他已經考慮到這家人可能無法佈施飯菜，但想起佛陀說化緣可以給窮苦百姓帶來福報，還是決定敲門化緣。

　　誰料，看門羅漢天生力大，一不小心把這戶人家本已腐壞的大門直接打爛了。嚇得這家人連忙端來平時不捨得吃的飯菜，雙手捧給看門羅漢，看門羅漢只得道歉賠禮。

　　這件事始終困擾在看門羅漢的心上，他覺得自己的化緣方式既讓佛陀蒙了塵，又令百姓受到了驚嚇，實在過意不去。於是，他找到佛陀講述了事情始末。佛陀得知看門羅漢的苦惱後，說道：「我賜予你一根錫杖，以後

你去化緣就帶著它，再也不必敲打大門，只需在門前輕輕搖動這根錫杖便可以了。」

　　見到看門羅漢有些不信，佛陀繼續解釋說：「帶著這根錫杖，有緣的人，自會打開大門，如果大門不開，則是與你無緣，你就可以去其他人家化緣了。」

　　看門羅漢聽從佛陀的建議，拿著錫杖化緣。果然，有緣的人家會自己打開大門為他佈施飯菜。原來，這根錫杖上面套著幾個錫環，搖動錫杖的時候，錫環就會發出聲響。聽到這種聲音便知道有出家人來化緣，想要佈施的百姓就會主動開門。

　　自此以後，看門羅漢始終沿用此法化緣，不僅沒有為他帶來尷尬，反而使他廣結善緣。每到一處，百姓見到他的錫杖就知道是看門羅漢來了，紛紛為他佈施飯菜，向他求習佛法。

　　這樣一來，看門羅漢的化緣難題總算圓滿地解決了。

小知識

　　看門羅漢，又稱注荼半托迦尊者，是「十八羅漢」第十六位，也是佛陀的親信弟子之一。

降伏龍王的尊者

佛陀命降龍羅漢常駐人間普渡眾生，這是羅漢本身的修行，也是佛陀對世間
萬物無差別的關愛。

相傳古印度時有一位龍王，年年受到百姓的供奉，但牠仍不滿足，可能是閒得無聊，也可能是看到人們生活豐富多彩產生嫉妒，就不時禍害人間。

用現代的話來講，龍王雖然收了好處，可是並沒有辦什麼實事，是實打實的惡霸。在當時不能這樣講，百姓的力量不足以與龍王抗衡。龍王一不開心，遭難的仍然是無辜的百姓。

一次，不知道什麼原因。這位龍王又發起了脾氣。龍王發怒，當然會弄一些大水淹城的事，這次遭殃的是那竭國。

那竭國本是一個不知名的小國，但由於本身佛教氣氛濃厚，收藏著許多重要的佛經。

龍王發怒水淹那竭國，洪水湧進寺廟，藏經閣的佛經就要遭受毀滅。寺中

降龍羅漢。

僧人眼見大水要來，一邊發愁如何逃生，一邊考慮將經書轉移到何處。

　　誰也沒想到，龍王這次的目標正是這些佛經。寺中僧侶哪鬥得過龍王，只能眼睜睜地看著佛經被捲走，一本也不剩。

　　龍王搶走佛經以後，藏於龍宮深處，誰也無法取走。

　　剛剛被大水淹過的那竭國元氣大傷，佛經也都沒了蹤影，百姓們陷入了沉重的苦難。可是面對著強勢霸道的龍王，又只能忍氣吞聲，重建家園。

　　這時，遊學修行路過的降龍羅漢得知了那竭國的遭遇，便找到國王，說他可以從龍王處取回佛經。

　　國王不相信降龍羅漢的話，並且擔心觸怒龍王又會遭殃。可是降龍羅漢信心滿滿，並不在意國王的勸告，更不聽其他百姓的阻撓，毅然前往龍宮討回佛經。

　　經過一場大戰，降龍羅漢降伏了龍王取回了佛經，他因此得名降龍羅漢。此時，百姓才知道降龍羅漢本是佛陀座下弟子，法力無邊，多次幫助佛陀降龍伏妖，立過不少奇功。

　　不過，降龍羅漢雖然降龍伏妖修練百年，但卻始終沒能修成正果。於是，他便去南海去尋求觀音菩薩的

濟公神像。

幫助。觀音告訴降龍羅漢，他有七世塵緣沒有了結，需要下凡普渡眾生，只要結了未了塵緣，就能修成正果。

這便是降龍羅漢轉世濟公的後話了。

小知識

　　降龍羅漢，是「十八羅漢」中的第十七位，又稱迦葉尊者，由清朝乾隆皇帝欽定。一說是慶友尊者。降龍羅漢形象常為跨在一條巨龍之上，十分威武。

虎口餵食

諸佛大事者，所為救一切眾生，不捨一切眾生。

所謂事半功倍，降伏蛟龍猛虎未必要依靠蠻力，懂得因勢利導更有效果。

相傳，伏虎羅漢曾經一度住在郊外，過著「天為被，地為床」的生活。對於蛇蟲鼠蟻橫行亂竄的自然環境，伏虎羅漢自然有一套應對方式。不然，恐怕沒等他修行得道，就被毒蟲咬死，或被野獸吃掉了。

在枯燥的修行中，伏虎羅漢交到了一位真正的好朋友，這位朋友恰好成就了伏虎羅漢的名號。

伏虎羅漢。

說到這位朋友，先要講到荒郊野外的艱苦生活。風餐露宿的生活，不僅人類難以適應，對原本生長在野外的野獸也是不小的挑戰。適者生存的環境下，稍不小心就可能被其他的猛獸吃掉，也可能捕不到獵物把自己餓死。

　　伏虎羅漢的朋友就是一隻捕食能力欠缺、經常忍受飢餓的老虎。

　　老虎捕不到食物未免有點可笑，哪怕是吃了伏虎羅漢，也不至於挨餓啊！這隻老虎沒有足夠的食物，又沒有傷害伏虎羅漢，說起來真的很神奇。

　　這位老虎朋友沒有足夠的食物，在郊外修行的伏虎羅漢時常要一邊唸經，一邊聽著猛虎因肚子餓長嘯不止。伏虎羅漢把自己的飯食分給這隻老虎，久而久之，老虎與他結成了朋友，一人一虎共同生活。

　　寒來暑往，一個修行的和尚和一隻挨餓的老虎，沒有語言溝通，更多的是默契與陪伴。

　　枯燥的生活中，有一個既不會打擾自己修行，又能夠在乏味時聊以慰藉的同伴，實在是一件開心的事情。

　　仔細想來，伏虎羅漢虎口餵食的做法，不是誰都能做到。老虎歷來是兇猛野獸的代名詞，一隻飢餓的老虎近在眼前，你不遠離牠，還要湊到跟前餵牠飯吃，是因為伏虎羅漢關懷蒼生才能有這種膽魄。他日後修成正果，也是水到渠成的。

伏虎羅漢，又稱彌勒尊者，是「十八羅漢」中的第十八位。因其經常騎著一隻吊睛白額大虎，威風凜凜，故被稱為「伏虎羅漢」。 另一說法認為第十八位羅漢是「四大聲聞」中的「君屠鉢嘆」。

羅漢群像圖（局部）。

第四章

侍者的得失

我心為佛我為佛，我
心為奴我為奴。

春種秋收皆因果，心
上腳下有真如。

事實上，佛陀與眾生
其實並沒有區別，侍者也
可以成佛，佛陀也可以是
眾生的侍者。

捨身平息戰火

「相如秋滿月，眼似淨蓮花，佛法如大海，流入阿難心。」這是文殊菩薩對
阿難陀的盛讚，由此可見阿難陀相貌之莊嚴，佛法之深奧。

　　人與佛的因緣似乎都是冥冥註定的，倘若沒有不可思議的因緣，誰
又能解釋清阿難陀出家的因果。

　　說起阿難陀佛緣，首先要講到佛陀，阿難陀是佛陀的十大弟子之
一，同時有另一重身分，即佛陀的堂弟。

　　據說，佛陀初成道後不久，一次回鄉弘法中，已有先見之明的佛陀
便在心中感嘆：「假使阿難陀能出家修道，將來一定可以繼承和發揚無
邊佛法，將道業永傳後世。」可以說，阿難陀是佛陀親自挑選的繼承人。

　　當初，佛陀出家無法被父親淨飯王接受，
同樣，他的叔父白飯王也不會允許自己的兒
子阿難陀出家。

　　佛陀回鄉時，阿難陀還是個年少無知的
孩童。白飯王發覺兒子對佛陀的態度很恭敬，
甚至可以算得上是崇拜。為了避免阿難陀接
觸佛陀，受到佛陀出世思想的影響，白飯王
在阿難陀見過佛陀後不久，就把他送到相鄰
的毗舍離國去。希望以此斷絕阿難陀和佛陀
的接觸。

　　可是，四處漂流的佛陀很快也到了毗舍

阿難尊者。

離國，白飯王無奈之下只得把阿難陀帶回迦毗羅衛城。

阿難陀被帶回迦毗羅衛城的消息很快就被佛陀知道了。一心想讓阿難陀加入僧團的佛陀也立刻回到白飯王的宮殿，甚至想辦法住在阿難陀隔壁，透過相鄰的房門，使阿難陀感受到佛法的業力。

小小年紀的阿難陀，其實早已對佛陀有了很深的念力，不僅每次見到佛陀會恭恭敬敬地禮拜，甚至在炎熱的夏天會拿扇子主動替佛陀搧風。

終於，白飯王意識到阿難陀出家不可避免，因此成就了阿難陀剃度出家，加入僧團的機緣。

阿難陀出家後不久，便被眾弟子推舉為佛陀的侍者。

性情溫和，待人誠懇的阿難陀為了避免嫌疑，提出了「佛陀的新舊衣服絕不穿」等三個要求，受到佛陀和眾弟子的讚揚。

此後，阿難陀始終都在修習和傳播佛法。

阿難陀跟隨佛陀以後，專心侍奉，形影不離，直到二十五年後，佛陀涅槃。此後，阿難陀更加專注於佛法，由於他善於記憶，對佛陀平日

阿難床前問遺教。

所說的教法都能深刻銘記。在佛陀眾弟子中，阿難陀的聞法之多可以說無人能及，因此贏得了「多聞第一」的稱譽。

在修行中，不知不覺阿難陀就已經六十六歲了，這年，已經享有無上聲譽的阿難陀接掌了大迦葉尊者之法，成為新一任的僧團領袖。

在他一百二十歲這年，阿難陀決意涅槃。

很快，阿難陀即將涅槃的消息便流傳開了。沒想到，這個消息竟點燃了兩國的戰火。

當時印度恆河流域兩岸分別是摩揭陀國和毗舍離國，這兩個國家長年因為領土糾紛陷入戰火，此次得知阿難陀即將涅槃，為了爭奪他的舍利，兩國的關係又驟然變得緊張起來。

阿難陀得知這件事，雖然已經即將入滅，但想到世人會陷入流離困苦中，就利用自己的神通，選擇在恆河上空進行入滅，並將自己的身體分化為兩個部分，分別給兩國供奉。

阿難陀涅槃之際仍想著為眾人積善積福，最終平息了這場一觸即發的戰爭，正展現了佛教慈悲為懷的精神。

小知識

據說，佛陀涅後，迦葉尊者為保存佛法，召集了四百九十九名已證得阿羅漢的佛弟子結集佛法，阿難陀當時因未證得果位被拒之門外。

這令阿難陀一夜之間佛法精進，最終證得阿羅漢果，從而加入了結集佛法的隊伍。在這次的結集大會上，阿難陀誦出了包括《四阿含經》、《譬喻經》、《法句經》在內的全部佛經，可以說，這是他對佛教不可磨滅的功績。

波羅花中的玄機

「吾有正法眼藏，涅盤妙心，實相無相，微妙法門，不立文字，教外別傳，付囑摩訶迦葉。」昔日，佛陀在靈山會上說法，他手持一朵波羅花，面對眾人，不發一語。法座下的聽眾一個個面面相覷，不知所以，只有大迦葉尊者會心一笑。於是，禪便在一朵花和一個微笑之間誕生了。

想要像佛陀一樣離開父母毅然修佛並不是每個人都能夠做到的，就好比大迦葉尊者。身為父母的獨子，無論是在過去還是在現在，都是要承擔著一個家庭的寄託。大迦葉的前半段人生即是如此，在對父母的孝悌下一邊心存對佛法的敬意，一邊又要承擔著照顧父母的責任。

甚至，為了滿足父母的歡愉，大迦葉還娶了一位姿容豔美的妻子——妙賢。

不過所幸的是，大迦葉這位妻子同樣也是信仰佛教的人。兩人結婚相處十二餘載，同床不同臥，也可以說是對自身修行的一種恪守。

然而，生者必死，聚者必離，這是世間恆定不變的道理。

隨著時間的流逝，大迦葉

大迦葉尊者。

227

的雙親離開了人世，往生極樂了。

在父母往生後不久的一天，大迦葉在巡視田莊時，先是見到了耕牛辛苦的勞作，接著又看到農人在田間揮灑著汗水，而田間爬動的小蟲，竟在農人的鋤頭下，耕牛的蹄子下死的死、傷的傷。看到這個情形以後，大迦葉不禁對世間生活產生了更加厭惡的態度，他問自己，「難道那些小蟲就不是生命了嗎？就沒有活下去的資格嗎？」

回到家中，大迦葉仍然不停地思考：「為了一己的私慾，難道就要令無辜的人畜在烈日下受苦勞作？無論什麼人，吃得東西一樣多，睡得床舖也是一樣的大，為何就會千差萬別？那些奢侈的日用品，無非是造成浪費，而摧殘其他的生命來滿足自己的私慾，實在是不公平！」

大迦葉越想越不能平息心中的情緒，當他見到妻子時，便對妻子感嘆了世間的悽慘景象，而他的妻子也正因這些人生苦事而煩惱。

忽然之間，大迦葉決定要放棄世間的枷鎖，遠去山林裡修習道業。

離開家庭以後，大迦葉四處漂泊求道，卻發覺無法找到一位能滿足他所願的老師。直到兩年後，大迦葉才遇到一個人，這個人告訴他佛陀是當今的大覺者。於是，大迦葉便打聽了佛陀的住處，動身前往尋找佛陀的蹤跡。

最終，大迦葉遇到了佛陀，以他的造詣成為佛陀的弟子自然也是意料之中的。

成為佛陀弟子後的大迦葉更加勤於修習佛法，很快便成為佛陀最喜愛的弟子之一。

一次，佛陀接到大梵天的邀請前去靈鷲山說法，而大迦葉身為佛陀的大弟子自然也隨同前往。

在說法期間，大梵天率領眾人將一朵金色波羅花獻給了佛陀，並向佛陀行了一個隆重大禮，然後退坐到一旁。

佛陀拈起這波羅花，並不發一言，這令在場眾人都陷入一頭霧水，誰也無法領會佛陀的深意，不禁面面相覷。

這時，在場之人，唯有大迦葉尊者輕輕破顏一笑。這樣一個細微的舉動，想必當時在場諸人要嘛就是沒有發覺，要嘛發覺了也認為大迦葉對佛陀不敬。

可是，好似佛陀與大迦葉心有靈犀般似的。當佛陀看到大迦葉破顏一笑的表情以後，竟突然開口講話了，他對眾人宣布：「我有普照宇宙、包含萬有的精深佛法，熄滅生死、超脫輪迴的奧妙心法，能夠擺脫一切虛假表象修成正果，其中妙處難以言喻。現在，我以觀察智，以心傳心，於教外別傳一宗，將其傳給摩柯迦葉。」說罷，眾人只見佛陀將平時所用的金縷袈裟和鉢盂兩樣佛教信物授予摩大迦葉尊者。

而這件事，就是後來流傳的「拈花一笑」和「衣鉢真傳」兩個典故。

拈花微笑圖。

大迦葉不喜歡過團體生活，他離開精舍，一個人住在深山叢林的樹下，或是白骨遍野的墓間，不怕狂風暴雨，不懼風吹日曬，年復一年地過著苦行僧的生活。

有一次，佛陀不忍他以衰老之年還要如此苦行，就想將他召回身邊。當時，大迦葉穿著由破布縫補而成的衣服，頭髮、鬍鬚長得很長，走起路來步履蹣跚，讓那些新皈依的比丘很看不起，甚至有人想上前阻止他走近佛陀。

佛陀知道大家的心思，很遠就招呼道：「大迦葉！我留了半個座位在這裡，你趕快到我身邊來坐吧！」

新皈依的比丘們聽佛陀這麼一說，才知道這位老比丘就是大名鼎鼎的大迦葉尊者。

大迦葉向前頂禮佛陀後，退下幾步說道：「我是您末座的弟子，要坐在佛陀所設的座位實不敢當！」

佛陀勸說大迦葉不要繼續苦行，回精舍來養老。

大迦葉認為自己並不覺得苦，反而感到很快樂，希望佛陀收回成命。

佛陀聽後，非常歡喜，說道：「將來正法的毀滅，不在天魔外道的破壞，而正在僧團的內部腐化分裂。要鞏固僧團，就必須過嚴肅的生活，而大迦葉尊者，就是表率！」

歲月是無常的，佛陀在八十歲的時候涅槃了。當時在僧團中，年老的大迦葉尊者和年輕的阿難陀尊者，被公認為繼承佛陀最適當的人選。

當時，大迦葉正在鐸叉那耆國帶領著五百比丘教化渡眾，得知消息後，星夜率眾趕到。

大迦葉尊者覺得有必要結集佛陀的教法，於是大法流傳的責任，就由他承擔起來。

真正的老師

要行善去惡，使你的心靈潔淨。一切佛都教授真正法，佛法真諦將常在。

年少離家的佛子們忍受十年寒窗苦讀，求知問道，最高的追求無非是進入涅槃狀態。求學中，如果沒有合適的老師傳授知識，不能滿足自己的求知慾，該是怎樣的無奈。

舍利弗八歲成名，他遺傳了學者父親的優良基因，身材修長挺拔，面容清秀有神，機智勇敢，連父親也常常感嘆後生可畏。

這位天資聰穎的人智慧超乎眾人，選擇老師的過程也充滿波折。

舍利弗尊者。

當時在婆羅門有一位名師叫刪闍耶，他的地位與名氣令普通人望而卻步，成為他的學生是許多年輕人做夢也不敢想的事。

舍利弗在刪闍耶身邊學習不久，竟感到自己的求知慾無法得到滿足。

心中苦悶的舍利弗遇到了知己目犍連，便說出心中的困惑，誰料目犍連也有同樣的感覺。

232

舍利弗和目犍連是年齡相仿的同窗好友，學問和思想上也十分接近。沒過多久，兩個年輕人一同離開了刪闍耶。

離開婆羅門後，舍利弗和目犍連合作創立了一個學團——散若夷。憑著兩人的名氣，大批學子前來拜師。他們共同追求真理，尋求涅槃之境，在教學之外也勤於自修。漸漸地，他們驕傲地認為自己的才智無人能及了。

有一天，舍利弗遇到手托飯缽乞食的出家人阿舍婆。

阿舍婆眼睛看著地面，神態謙和，態度莊嚴，舉止威儀。

彌勒所坐的蓮臺下，刻六條繩索，其終端各縛犬、鴉、蛇、狐、魚、馬六種動物，各自相應代表的是眼、耳、鼻、舌、身、意，即所謂的六耗、六窗、六根。

舍利弗不禁驚呼道：「這位出家人，您才是真正走向了正道，請問是誰點撥您遠離了塵世？」

阿舍婆回答：「我的老師是釋迦族的聖者佛陀。我只是一個新入門的弟子，老師傳授的宇宙人生真理我還不能完全領悟，只能告訴你佛法的大意。但我對於老師的言行教導，心中實在有說不出的感激！」

隨後，阿舍婆向舍利弗唸了一首偈誦：

萬物因緣而生，佛陀闡明了此理。

這聖人又進而告訴我們，最終一切感情都停止。

舍利弗聽到佛陀的佛法以後，眼前頓時變得一片光明，彷彿得到了純淨無瑕的真理之眼，心中的困惑也一掃而空。

舍利弗又問：「請問這位修道者，您的老師住在什麼地方？」

阿舍婆答道：「在城外不遠的竹林精舍。」

舍利弗又聽到阿舍婆講「諸法因緣生，諸法因緣滅」，心中的歡喜久久不能平復。

此時，舍利弗明白自己終於找到了人生中真正的老師。

回到住處以後，舍利弗立即找到目犍連，對他說：「我從沒有進入過這種狀態，如果這是佛法的話，我想我已經知道什麼是涅槃狀態了。」

目犍連得知了舍利弗的巧遇，也很歡喜，第二天，他們帶領著兩百

舍利弗與勞度叉鬥法。

個弟子，一同拜訪了佛陀。

　　佛陀看到舍利弗和目犍連後，也十分歡喜，為自己所證悟的真理終於有人理解而高興，也為舍利弗二人的修行而喜悅。

小知識

　　舍利弗，也稱舍利子，父母均是婆羅門教中的著名智者。舍利弗成年後拜佛陀為師，成為佛陀十大弟子之一，以「智慧第一」著稱。舍利弗當佛陀的侍者有二十年之久，佛陀稱讚他是「眾生的生母」。

地獄救母

「依慈父悲母長養之恩，一切男女皆安樂也。慈父之恩，高如山王；悲母之恩，深似大海。」在佛法的修行中，行孝是一種重要的修練，是對一個人的渡化。

目犍連少年時期就父母雙亡，十幾歲的他，要忍受舉目無親的酸楚，這也促成了他年少出家的因緣。

目犍連皈依佛陀僅七日便悟透弘法，證得阿羅漢的神通智波羅蜜，由於在佛陀眾弟子中聰慧異常，被推為「神通第一」。

說到目犍連神通，簡直是大得不得了。

有一次，釋迦牟尼佛到忉利天為他母親說《地藏經》，經過須彌山時遇到一條毒龍。

這一條毒龍從口裡吐毒沙想把佛陀毒死。目犍連用神通和毒龍鬥法，把這些毒沙都變成細軟的棉花。毒龍大怒，將身體無限延長，把須彌山盤繞了三匝。這時候，目犍連也將身體變長，將須彌山盤繞了九匝。

毒龍心裡一驚，但牠還不肯認輸。目犍連就變成一隻小蟲，鑽到毒龍的肚子裡面去，毒龍被折磨得奄奄一息，才心服口服皈

目犍連尊者。

依了佛門。

所以說，目犍連的神通非常之大。

目犍連得到六通（六種智慧）之後，每每念起早逝的雙親，想到自己從未盡過孝道，心中很酸澀，就想尋找機會報答父母的養育之恩。

一番尋找後，目犍連終於在天上找到了父親的亡魂，這使他無比欣喜。但他怎麼也找不到自己的母親。無奈之下，目犍連只好尋求佛陀幫助，佛陀告知他在地獄底層才能找到母親。

母親在地獄的消息，對目犍連而言無疑是晴天霹靂。

他不忍母親受苦，便準備營救母親脫離苦海。很快，目犍連依照佛法打開了地獄之門，幾番周折後找到了在「阿鼻」地獄遭受痛苦煎熬的亡母之魂。

目犍連看到母親後，不禁心痛萬分，母親在餓鬼道被折磨得幾乎不成人形，咽喉像針縫似的細小，餓得簡直是皮包骨。目犍連趕忙尋來飯缽盛滿米飯給母親充飢，可是母親只要一吞飯就口中冒火，根本無法下嚥，反而承受更大的痛苦。目犍連見狀，心中既無奈又痛苦，只好找佛陀尋求化解的方法。

佛陀見目犍連救母的心意已決，說：「你母親青提夫人生前做了許多惡事，她雖然家境富裕，為人卻自私狹隘，貪婪吝嗇，不僅對奴僕打

《佛說盂蘭盆經》的內容，描繪出目犍連為了拯救墮入餓鬼道的母親，經由佛陀指點救濟的方法。

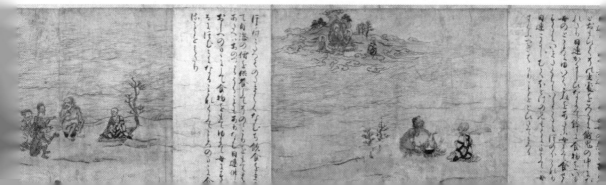

罵，更整日宰殺牲畜，絲毫沒有憐憫悲善之心，實在罪孽深重。今日果，昨日因，這是她的報應啊！」

目犍連明白佛陀說的道理，但只要一想到母親受苦的樣子便心痛難忍，身為人子，他並未盡過孝道，現在有機會能解救母親，是不能夠放棄的。

佛陀感懷目犍連的孝心，告訴他，要解救他的母親，一定要在農曆七月十五，眾僧結夏安居修行圓滿的日子裡，廣設盂蘭盆供（「盂蘭」，即為倒懸，是形容苦厄之狀。盆則是盛裝供品的器皿。盂蘭盆會即「解倒懸」之意。佛教認為此器具可解救已逝去的亡親的倒懸之苦。佛教訂每年的七月十五日為盂蘭盆會），並備好百味飲食，給眾僧食用。在眾僧行自恣法的圓滿日子裡做善事，依靠眾僧修行所得的感神道力，可為在生父母添福增壽，也可幫助已逝的父母脫離苦海，早日輪迴，以報父母養育之恩。

目犍連按照佛陀的指點果然救出了母親，使她脫離了阿鼻地獄的餓鬼道。

從這之後，目犍連倚仗著他上天入地的神通，一心一意進行佛法的宣揚，其功甚偉。

正因為他對佛陀的教法熱心宣揚，才遭到了外道的嫉恨，他們對佛陀沒有辦法，但他們想找機會暗殺目犍連。

一次，目犍連經過伊私闍梨山下，被外道們發現，他們從山上推下亂石想要擊殺目犍連。只見亂石像雨點一般落下，將目犍連無常的肉身砸成了肉醬。

目犍連殉教而死，師兄弟們都很不理解：「目犍連曾到天宮去探望

佛陀，也曾到地獄救母。如此大的神通威力，為什麼不能避免外道的襲擊呢？」

佛陀很安詳地告訴大家：「神通敵不過業力，肉體是無常的，業報是要了結的。目犍連過去生中，以捕魚為業，不知有多少生命為他冤屈而死。你們不要難過，目犍連雖然辭世了，但真理是不會泯滅的！」

小知識

目前大部分寺院的大雄寶殿的中央，蓮座上佛陀聖像的旁邊，總是左面站著大迦葉，右面站著阿難陀，但佛陀最初弘法的時候，卻不是這樣，舍利弗和目犍連自從皈依佛陀起，目犍連就站在佛陀的左面，舍利弗則站在佛陀的右面。除了他們到別的地方去弘化，就一直不曾離開過佛陀。

強盜亦成佛

「如果我們破除一切執著塵勞，丟掉身外亂性的貪婪和物慾，找回自己就能獲得身心的自然，安寧、愜意、舒適、安逸；幸福的生活也隨之而來。」在我們追求生活無憂時，也應當考慮如何才是真正的自在。

在佛陀的時代，有一個自小出家的小沙彌。

一天，小沙彌想到自己出家很久了，其他的師兄弟都已經受具足戒，他還停留在沙彌階段。於是，他跑去找老比丘，請求老比丘為自己受戒。

老比丘聽了小沙彌的想法，問道：「你有二十歲嗎？」

小沙彌搖搖頭，回答說：「我不知道我的年紀，這要如何計算？」

老比丘繼續說：「那你要去問你的家人，清楚了年紀再過來吧！」

小沙彌點點頭，說：「好，我這就去。」

小沙彌回家的必經之路上有一座森林。這天，他經過森林時被一群強盜抓了起來。強盜在小沙彌身上搜不到任何值錢的東西，就準備將小沙彌殺掉。

面對兇悍的強盜，小沙彌鎮定地說：「如果我因此送命，沒有回到家中，家人就會找來，別人會知道這森林裡有強盜出沒，此後不會有人再來這裡，村民也會聯合官兵來抓你們。所以，殺了我對你們並沒有好處。」

強盜們聽了覺得很有道理，便跟小沙彌約定：「我們如果放你離

開，你不可以和別人說森林裡有強盜。我們見你是出家人，相信你，你一定要遵守約定。」

小沙彌回到家中，立即問父母自己的年紀，父母回答：「你早就滿二十歲啦！可以受戒了，這可是一件大事，我們和你一同回去慶祝吧！」

小沙彌和他的家人、親戚共同返回祇園精舍。

當他們經過森林時，又被強盜抓住了。

當強盜發現小沙彌時，奇怪地問道：「你既然知道我們在這裡，為何沒告訴你的家人，反而又和他們回來了？」

五百羅漢圖。

小沙彌回答：「我已經答應過你們不會和任何人提起這件事，我沒說，就是不妄語。」

強盜看小沙彌如此誠信，心中十分感動，這一次，強盜又將小沙彌放了。

強盜頭領在放了小沙彌之後又忍不住問道：「出家到底哪裡好？有什麼樂趣呢？」

小沙彌回答：「出家的生活看起來雖然簡單，其中卻有不簡單的道

理。我們不用像你這樣，做強盜搶劫。錢財未必能使人快樂，出家以後隨性生活，也是一種快樂。」

聽了小沙彌的解釋，強盜們竟都隨著小沙彌出家了。

這位小沙彌回到精舍後，接受了足戒。後來，小沙彌修習為無憂德尊者，成就了果位。

小知識

無憂德尊者，為五百羅漢的第四百四十五尊，是佛祖的分身佛，佛祖說法時，會身放金光，遍照三千大千世界，道道金光化作朵朵金色蓮花，蓮花上各坐一分身佛，分居各地教化眾生。

誰束縛了你

凡所有相，皆是虛妄。若見諸相非相，則見如來。

　　每個人都無法選擇出身。

　　優婆離成為佛陀弟子之前，是奴隸種族的首陀羅族，相較其他的佛陀弟子，可以說地位低下。

　　古印度等級森嚴，首陀羅族的人，在路上如遇到婆羅門和剎帝利，要跪在路旁讓路，如果偷看他們一眼，眼睛就會被挖掉；如果和婆羅門或剎帝利隨便講話，就會被割掉舌頭。優婆離最終能成為佛陀的十大弟子之一，實在不是件容易的事。

　　優婆離出身奴隸賤族，地位卑下，習慣了受人歧視，小心翼翼地生活，令他養成謹慎律己的性格，日後他被推為「持戒第一」。

　　這種出身，優婆離在社會底層依靠何種方式謀生呢？

　　階級制度下，優婆離的出身剝奪了他接受教育的權利，知識改變命運，對他來說無異於癡心妄想。

　　隨著優婆離長大成人，學一門手藝謀生糊口成了迫切的需要。

　　當時，生在首陀羅族的人無法參與政府公職或商行買賣，優婆離只能在奴隸、農工和勞力中選擇。

　　生來贏弱的優婆離自然無法承受日曬雨淋、奔波勞碌的辛苦，農工和勞工的生活對他來說是不可能的了，做貴族的奴隸又是一件很心酸的事。就這樣，優婆離在就業的問題上，傷透了腦筋。

最終不知誰提了個建議，讓優婆離學習理髮，將來做一名理髮師。這個決定，陰差陽錯促成了優婆離的佛緣。

　　虛心好學、本性純樸的優婆離很快學會了理髮的全部技巧，因他個性沉穩，嚴以律己，不久便收穫了好名聲，許多貴族子弟也來找優婆離理髮。

　　因為理髮，優婆離的命運在他二十歲的時候發生了改變。

　　當時正是佛陀開悟的第三年，他回到故鄉時恰好需要一個理髮師，而有良好口碑的優婆離成了眾人推薦的不二人選。

　　優婆離在為佛陀理髮時受寵若驚，甚至恭敬到彎著身子，不敢直起來，甚至連呼吸都加重了。

優婆離尊者。

　　優婆離的母親看到自己的兒子如此拘謹小心，跪下來向佛陀問道：「佛陀，優婆離理髮的手藝怎麼樣？」

　　佛陀看了一下，說道：「身子好像太彎了！」

　　佛陀這麼一說，優婆離立即集中心力，據說他因此有了進入初禪的功夫。

　　過了一會兒，優婆離的母親又跪下來問道：「佛陀，優婆離理髮的手藝怎麼樣？」

　　佛陀繼續回答說：「現在身

體又太直了！」

優波離更加不敢稍稍懈怠，一心一意，於是又進入二禪的功夫。

不久，優婆離的母親再問：「佛陀，優婆離理髮的手藝怎麼樣？」

佛陀不假思索的答道：「入息太粗了！」

優波離聽罷，竟真的把心力集中在了入息上，此時他已進入三禪的功夫。

優婆離的母親最後又問：「佛陀，優婆離理髮的手藝怎麼樣？」

此時佛陀回答說：「出息太粗了！」

這之後，優波離已經能控制自己一念不生，忘記手中的剃刀，最終進入四禪的功夫。

為佛陀理髮是優波離的機緣，他的佛緣引起了佛陀的注意，能在理髮的短短時間進入到四禪境地，實在不可多得。

不久，在佛陀的指導下，精進修道的優婆離徹底開悟了，成為教團中的上首。

出身首陀羅族的他竟有如此慧根，這也引起了眾人的驚奇，為此，佛陀特別敘述了一段優婆離的本生譚：

「過去，有兩個窮苦的朋友，一生中佈施行善，以這樣的功德因緣，再生的時候，一個做了國王，名叫梵德；一個生在有崇高名聞的婆羅門家，名叫優婆伽。

優婆伽娶了一個年輕美貌的妻子，這個女人是個醋罈子，只要優婆伽和女人說話，她就大哭大鬧，後來竟然終日不和優婆伽講話。

優婆伽深愛著妻子，卻沒有任何辦法，只有悶悶不樂。

在春夏之交的一天，妻子忽然對優婆伽說：『你今天到街上去買些

鮮花回來，裝飾一下我們的房子！』

優婆伽聽到妻子的話，非常歡喜，隨即到市場上買了鮮花。在回來的路上，心情激動的優婆伽，在路上不禁大聲唱起戀歌來。

這時，梵德王正在王宮的樓閣上眺望風景，聽到優婆伽優美歡愉的歌聲，認為他是一個很樂觀的人，就派人去把優婆伽叫來。

兩人一談，梵德王大喜，授予優婆伽很高的官位，從此非常寵愛他。

優婆伽受梵德王的信任，權勢日盛，到後來，他竟想在梵德王睡午覺的時候，將對方刺死，自立為王。

後來，有一天他終於自己反省覺悟，深深感到名位權慾的可怕，就把自己的惡念完全告訴了梵德王。

梵德王原諒了他，可是優婆伽不原諒自己，他出家懺悔，在修行不久便證得神通。

王宮中有一位理髮師，名叫恆伽波羅，他做了優婆伽的弟子，一心修道，也獲得神通。

有一天，梵德王到精舍供養優婆伽的時候，他以身作則，先向優婆伽頂禮，然後又帶領隨從大臣，也向恆伽波羅頂禮。

出身下賤的恆伽波羅，由於法的威力，讓國王向他跪拜。

這就說明，開悟證果的人就應該受人尊敬，而證悟又是不分階級的！」

佛陀說到這裡，鄭重地告訴大家：「當時的優婆伽，就是我身；理髮師恆伽波羅，也就是現在的優波離！」

　　優婆離出身特殊，最終不但出家成為佛陀弟子，還得到佛陀親自為他剃度的殊榮，充分展現了佛教眾生平等的觀念。佛陀圓寂後的第一次集結大會上，優婆離背誦了最早的律藏，促進了佛教僧團的團結。

開啟天眼

正因堅信四諦、十二因緣法是宇宙人生真理，才有了對佛法修習的堅定信念。也許失掉光明是一件不幸的事，但往往因緣二法所蘊含的卻是無限生機，就如通了天眼的阿那律一般，絕處逢生！

「阿那律」是梵語，翻譯成中文的意思就是「無貧」，也就是永遠富貴。

阿那律為什麼就總是富貴，總也不窮呢？

相傳，在無量劫以前，世界鬧荒年，人人都沒有飯吃，有一個聖人叫辟支佛，在山上修道，每逢七天到城裡化一次緣。本來在七天以前，他就沒有得到飲食；這一次又下山，也沒有人佈施給他，於是辟支佛就托著空缽回來了。

在路上，他遇到一個窮人在這兒耕田。這個窮人就是阿那律的前生。他見辟支佛一臉菜色托著空缽，就把自己所吃的稗穀米飯佈施給了他。

辟支佛很感激這個耕田的窮人，便給他福報，不單這一生富貴，生生世世都富貴，在天上、在人間、在任何地方，他也不窮。正所謂「九十一劫無貧困，百千萬世有富緣。」

佛陀住世時，阿那律是佛陀的堂弟，最初跟著佛陀出家的時候，他最喜歡睡覺。每逢佛陀一講經說法的時候，人家是入定，他常常入睡。

佛陀對打瞌睡的阿那律並不客氣，當著眾僧的面前訓斥道：「咄咄

汝好睡，螺螄蚌蛤內，一睡一千年，不聞佛名字。」

這時，阿那律才被身旁的人叫醒過來。

面對佛陀的呵斥，阿那律顯得無比羞愧，但又無法開口解釋，畢竟不管是什麼原因，在講經期間睡著實在是一種很不尊敬佛法的行為。

佛陀問道：「阿那律，你出家修道，為的是什麼？」

阿那律正色道：「是為了厭離生、老、病、死，解脫憂悲苦惱。」

佛陀並不以為意，繼續追問，「人人都讚美你不為女色所擾，謹遵戒行，而你現在卻很自滿，甚至在我說法的時候也在睡覺。」

阿那律聽佛陀這麼一說，急忙跪在地上，合掌發誓，「佛陀！請求你慈悲原諒我的愚癡懈怠，從今日起，我一定奮發努力！」

對於阿那律的誠心懺悔，佛陀自然包容歡喜，便也不再追究，還對阿那律肯知錯改過的態度進行了一番鼓舞安慰。可是，阿那律對於這次的過錯卻始終不能原諒自己，竟不再睡覺，不分晝夜地修習佛法。

時間久了，佛陀見到阿那律

阿那律尊者。

如此精進修行，日夜不休，就規勸道：「修行固然不能太緩，但也不能操之過急。你這樣勉力修行，一天兩天雖然不要緊，可是長此以往身體總會熬不住的。」

阿那律明白佛陀的關懷，但他想到既然立了誓言，就不能再有懈怠，所以並沒有放棄不休不眠的修行方法。

很快，阿那律就因為睡眠不足導致眼睛出了問題。

佛陀得知阿那律因勤勉用功而使眼睛生病的消息，很是掛念，命人召來阿那律對他說：「阿那律，你這樣下去會傷害自己身體的。」

阿那律堅決且恭謹地回道：「我對佛陀已經發過誓言，不可以違背！」

佛陀無奈地說道：「你應該更重視你的眼睛。一切眾生都需要依靠食物生存，耳以聲為食，鼻以香為食，舌以味為食，身以觸為食，眼以睡眠為食。即便是涅槃也要飲食，何況你現在正在修行。」

阿那律不解問道，「涅槃吃什麼？」

佛陀回答，「涅槃以不放逸為食！不放逸能達到無為的境界，無為的境界也是要以禪悅法喜為食。」

佛陀離開以後，阿那律雖然很感激佛陀的關心，但他仍舊不想違背自己的誓言，繼續堅持著不睡眠修行。

當名醫耆婆前來為阿那律治療時，望著他那雙因為長期不睡眠而紅腫的眼睛，嘆道：「只要你肯睡覺，你的眼睛就會沒事了，如果你繼續堅持下去，恐怕最後會導致你失明的。」

但是，阿那律仍然沒有放棄自己的誓言。不久，他的眼睛真的失明了。

失明以後的阿那律雖然無法看見清晨的陽光、翠綠的樹陰、清澈的河水，但他的心靈卻因此變得澄澈。

　　而在阿那律失明以後，眾僧被他認真修行的態度所感動都很願意幫助他，就連佛陀也感念他對佛業的恭敬態度很憐憫他。

　　一次，阿那律因眼盲無法縫製衣物，以致三衣破損無法見人，眾僧得知以後，全都跑來幫助他縫製新的三衣，就連佛陀也加入其中。

　　此後，佛陀又特地教導阿那律修習金剛照明三昧，因此，在阿那律勤勉修行下竟獲證了天眼。

　　失去了肉眼而證得天眼的阿那律，自此以後不僅遠近內外都能夠看得到，就連極樂世界、無邊地獄也能看清楚。

小知識

　　阿那律出家前為佛陀的堂弟，出家後拜佛陀為師，成為佛陀十大弟子之一，有「天眼第一」之稱。

為法忘軀的傳教者

「善知法義德；能為宣說德；處眾無畏德；辯才無礙德；方便巧說德；隨法行法德；具足威儀德；勇猛精進德；身心無倦德；成就威力德。」這是佛陀的傳教十德。而在佛陀的眾弟子中，有一個人，名叫富樓那，他在傳教道業上可以說為法忘軀，不顧一切。

  佛陀的十大弟子裡各有第一，舍利弗是「智慧第一」，目犍連是「神通第一」，須菩提是「解空第一」；迦旃延是「論議第一」；摩訶迦葉是「頭陀第一」；阿那律是「天眼第一」；優波離是「持戒第一」；阿難是「多聞第一」；羅睺羅是「密行第一」，而富樓那是「說法第一」。

  據說富樓那與佛陀是同一天誕生，這也許恰恰蘊含著富樓那與佛陀的機緣。身為淨飯王國師之子的富樓那，在幼年時期接受到佛教思想並不奇怪，而富樓那本身又極為聰慧，這使他早早便出家修行。

  能言善辯，廣宣法理，被稱為「說法第一」的富樓那，對於自身能因人施教的優點自然要善於利用，這也令他在宣揚宇宙人生真理，教化世間眾生時從不肯懈怠。

  可以說，富樓那在傳教的功業上幾乎是為法忘軀的。

  關於傳教，富樓那知道所有的玄妙道理，都是為了宣揚給眾生聽的，並不是為了自己。因此，在傳教過程中，他會對不同的人觀機說法，這樣才能使那些缺少上根的人透徹感悟到佛法的奧妙。

  一次，富樓那見到一個醫師，對他說道，「人身體上的病痛你可以醫治，但心中的貪、嗔、癡你有辦法醫治嗎？」

醫師思索片刻，恭敬地回答，「尊者，身為醫生我只能醫治人們身體上的疾病，對於心病實在無能為力，您對此有什麼辦法？」

富樓那笑言：「佛陀的教法，如同甘露清泉，可以洗淨眾生的心垢。」

醫師聽到以後，當即懇請富樓那為他傳教佈法。

富樓那說法傳教有時候也不會因人而異。據說，曾有一個叫輸盧那國的地方，這裡的人們自私貪婪，生性暴戾，文化落後，很多傳教的僧人到訪以後，都悲嘆無法將教法傳入輸盧那國。

富樓那得知以後，對佛陀說：「佛陀！請您慈悲，准許我到輸盧那國傳教！」

佛陀雖然歡喜富樓那的慈悲之心，但也深知對於輸盧那國人民，傳教十分不易，於是勸道：「教化眾生的確很好，但傳教也不是一定要到輸盧那國，你可以選擇另一個地方。」

富樓那很堅決：「眾生皆平等，凡是有人的地方，就應該前去傳教！也許危險會隨時加之於我，但為了宣揚正義，傳播教法，我個人的安危是完全不需要顧慮的。請佛陀慈悲允許我前去開闢這塊淨土吧！」

佛陀問道：「假如他們不肯接受你的說教，反而破口大罵，要怎麼辦？」

「他們罵我，我覺得他們很好，因為他們不曾用棍棒打我。」

佛陀又問：「假如他們用拳頭、瓦石、棍棒打你，要怎麼辦？」

「我仍覺得他們很好，因為他們沒有用刀劍刺傷我。」

佛陀接著問：「假如他們用刀劍刺傷你，要怎麼辦？」

「我還是覺得他們很好，因為他們還有人性，並沒有將我殘酷地打

死。」

佛陀最後問：「假如他們把你打死了呢？」

「那我也要感激他們，他們殺害我的色身，幫助我的道業，助我進入涅槃，這對我是無限的恩德。」

佛陀大喜，稱讚道：「富樓那，修道、傳教、忍辱，你都能夠做到，你的心境已經完全平靜了！」

不久，富樓那在比丘們的歡送中前往了輸盧那國。

在富樓那初到輸盧那國時，眼前盡是荒涼景象，人民的生活苦不堪言，富樓那簡直無法展開他的教化。還好他在來到輸盧那國之前已經學會了輸盧那國的當地土語，這讓他可以走近輸盧那人民。

雖然，富樓那與當地的居民溝通沒有障礙，但輸盧那人看到富樓那手中的缽盂，身上的袈裟，便覺得他十分奇怪，都紛紛投來奇異的眼光。

富樓那明白，在這種文化落後的地方談論玄妙的道理並不會受到歡迎，要想贏得信任只能先走近輸盧那人的生活。

因此，富樓那首先做起了醫者。

他每天都忙著探視病人，無論是多麼遠的村莊，即使要翻越幾個山頭，只要富樓那聽到哪裡有病人，便會立即翻山越嶺地趕去。

久而久之，這些長年生活在病痛下的輸盧那人見到富樓那彷彿見到再生父母一般，對富樓那也漸漸變得恭敬起來。

於是，富樓那又開始像老師一樣教他們識字明理，談論因果報應。

最終，在富樓那的努力下，輸盧那國的人民接受了他的教法，紛紛皈依了佛教。

後來，這些輸盧那國的居民，便成了富樓那的五百座僧伽藍弟子。

富樓那，全名富樓那彌多羅尼子，意譯為滿慈子、滿祝子、滿願子。佛陀十大弟子之一，被譽為「說法第一」。與佛陀同日出生。

古碑的真理

「有我法執著者沉溺在生死海裡，證緣起法性者逍遙於解脫國中。」石碑中的道理，正是大智者留給大覺者的一場考驗，同時，也是對後世的醒覺！

　　佛陀初降人世，曾有一位仙人為其占卜，即是阿私陀，亦是迦旃延的親舅舅。也許佛教的因果論，才能說明迦旃延成為佛陀弟子的原因。

　　迦旃延年幼時，就被父親送到阿私陀仙人修道的頻陀山上，而聰慧的迦旃延也不負阿私陀仙人的厚望，沒過多久，就通了四禪。然而此時，阿私陀仙人卻離開了人世。

　　失去師父的迦旃延開始四處流浪，期望能早日遇到師父所說的大覺者佛陀。

　　一天，在波羅奈城附近的曠野，有人挖出很多古城遺跡，其中有一塊特別的石碑。這塊石碑的特別之處是因為上面刻滿了無人能識的字跡，只能依稀判斷出是一首偈文。

　　不久，有關石碑的傳言在民間流傳開了。有人說，這石碑真正的意義只有大覺者才能知曉。但是，真正的大覺者又會是何人呢？

　　這塊充滿傳奇色彩的石碑，很快被國王得知了，他命令大臣們說：「我們國家得到了古代遺留的寶物，這石碑上的偈文，要盡快找人翻譯出來。如果七天之內還無人能識，就把你們一個個降職！」

　　皇榜張貼出來以後，消息傳到了精通各國文字的迦旃延耳中，這位受到阿私陀仙人親自教導的弟子，信心滿滿地揭了皇榜。

迦旃延見到石碑以後，會心一笑，沒想到這竟是梵天上的文字。

而那偈文的意思是：

王中之王是誰？

聖中之聖是誰？

何謂愚者？

何謂智人？

怎樣離開垢穢？

怎樣獲證涅槃？

誰是沉溺在生死海裡？

誰是逍遙於解脫國中？

這困擾人們已久的神祕碑文，雖然終於被解開了，可是新的問題又出現了。舉國上下，面對著碑文上的問題竟無人能懂，就連迦旃延也無法回答。

高傲的迦旃延不甘心，他向國王承諾，七日之內一定弄明白碑文所指。

事實上，碑文上的這些問題，並不是思考便能得到的真理。苦思不得其解的迦旃延只好去拜訪富蘭那迦葉，結果也是無功而返。此時，迦旃延想到了阿私陀仙人曾提及的佛陀。但迦旃延轉而又想，年紀輕輕的瞿曇（佛陀在俗的姓名），哪裡能比富蘭那迦葉知道得更多呢？可是又想起阿私陀仙人臨終前叮囑自己一定要跟隨佛陀學習，最後迦旃延半信半疑地前往佛陀的住處拜訪。

見到佛陀後，迦旃延先說明了來意，佛陀思索片刻，解釋道：

王中之王是第六天王，

聖中之聖是大覺佛陀，

被無明所染的謂之愚者，

能滅諸煩惱的謂之智人，

修道除貪瞋癡即離垢穢，

能完成戒定慧即證涅槃，

有我法執著者沉溺在生死海裡，

證緣起法性者逍遙於解脫國中。

佛陀的答案當然沒有令迦旃延失望。這也是佛陀多年來努力修道所證悟的答案。得到答案的迦旃延，聽到的每一個字都彷如洪鐘般撞擊著他的肺腑，令他沐浴在智慧之光中。

神奇的是，得到古碑真理的迦旃延竟然歡喜感激地許久發不出聲音，最後他竟然反覆誦唸這佛陀的偈語不斷地對著佛陀禮拜。

迦旃延明白，這就是他所想要追求的真理啊！

小知識

迦旃延，又譯為迦多衍那，原出家修習外道，後跟隨佛陀學法，以善說法相，能分諸經，善演佛略說之法義，助益於弟子對佛法之理解。有「議論第一」之稱。 為釋迦牟尼十大弟子之一。

不識父親的孩子

佛陀離宮時曾說，「等我成就佛陀的時候，再回來探望此子吧！」誠然，佛陀視一切眾生都如羅睺羅，無量無數的羅睺羅在等著佛陀的慈愛！

佛陀毅然離宮出家時，羅睺羅還只是一個襁褓中的嬰兒。而當佛陀成道回到故鄉迦毗羅衛城時，期間已經時隔十餘年。雖然羅睺羅身為獨一無二的王孫，自出生便受到祖父母和母親無微不至的關懷，但在他幼小的心靈中，對父愛的渴望仍然是不變的。

對父親的聲音、相貌一無所知的羅睺羅，每當看到其他的孩子都有父親陪伴在身邊，心中的孤獨感變得越發悲哀。

的確，在羅睺羅的成長過程中，雖然天下至寶唾手可得，但他心中始終缺少一個父親的角色，缺少了這樣一個陪伴慰藉保護著自己的父親。

佛陀並沒有辜負自己離家的誓願，他是註定要成佛渡人的。

當佛陀返回故土，上至淨飯王，下至釋迦族眾人，無一不是歡呼雀躍，早早迎到迦毗羅衛城城門外歡迎

羅睺羅尊者。

佛陀。

這是至高無上的尊榮。

但也有人早早知道消息後，在佛陀回鄉時，悄悄地躲避了起來。

這便是為佛陀生下兒子以後被拋棄的耶輸陀羅王妃。

羅睺羅此時也不過十餘歲，雖然渴望見到自己的父親，但受到母親的影響，無奈之下也只好陪伴在失落的母親身旁。

其實，十多年與丈夫未曾謀面的耶輸陀羅也渴望見到佛陀。但她明白，此時自己的丈夫早已不是那個生活在皇宮中的太子，而是受到世人景仰的尊者佛陀，這令耶輸陀羅王妃實在不願意在公共的場所見到佛陀。

但此時，年少的羅睺羅走來對耶輸陀羅說：「母親，祖母讓我告訴您父親回來了！」

見到往日對自己百般慈愛的母親不發一言，羅睺羅又接著說：「母親，妳看宮門口有那麼多的人，到底哪一個才是父親呢？」

這樣的話，聽在耶輸陀羅耳裡，猶如刺進她心裡的一根刺。自己的兒子已經是十多歲的孩子了，卻連親生父親的音容笑貌都無法知道。這樣一句無心之話，令耶輸陀羅感慨萬千。

耶輸陀羅望著滿是期望神情的羅睺羅，眼中滿含淚水，她指著遠處的宮門，回答道：「你看，在那群沙門中，最莊嚴的便是你的父親。」

羅睺羅順著母親的指引望著自己那被眾人團團圍住的父親，實在是陌生。這竟然是羅睺羅第一次見到自己的父親。

不久，佛陀來到了耶輸陀羅的宮中。

面對著苦苦守候自己的年輕王妃，佛陀也是感嘆良久。但耶輸陀羅

已經明白，眼前這個尊貴無比的僧佛已經和自己有一條無法逾越的鴻溝了。

面對著耶輸陀羅，佛陀緩緩地說道：「對妳實在是抱歉，但我對得起眾生，請為我歡喜！」

接著，佛陀又看著羅睺羅，慈和地撫摸著他的頭說：「真快，已經長大了！」

而第一次見到父親的羅睺羅望著眼前神聖莊嚴的佛陀，實在無法說出話來。只是想著：「佛陀已然不是我自己一人的父親了，他是一切眾生的大慈父啊！」

就是這樣一個利益眾生的想法，印證了羅睺羅的善根。

佛陀的這個兒子，是非常有道心的，也是非常用功的，所以羅睺羅在佛陀諸大弟子中，密行第一。

他隨時隨地都用功，一時一刻都不懈怠，畫也

佛陀與其子羅睺羅。

精進、夜也精進，即使在廁所裡，他都可以入定。

　　這樣一個修道的好榜樣，如果娑婆世界人人效法羅睺羅，人人都可以成佛。

小知識

　　羅睺羅，意譯為覆障或障月，他既是佛陀出家前留在凡塵世界的獨子，也是後來佛陀的十大弟子之一，被稱為「密行第一」。

乞富不乞貧

「須菩提！若善男子、善女人，以三千大千世界碎為微塵，於意云何？是微塵眾寧為多不？」這是佛陀對須菩提的訊問，亦是須菩提對大千世界的自省表現。若無佛法，也不會有眾生法相。

在須菩提出生的那一天，家中所有的財寶、用具忽然不見了，這令全家人都十分憂心，請來相師卜卦。

相師卜卦之後，恭喜道：「可喜可賀，您家所生的貴子，雖然屋內的金銀財寶一切皆空，但這也意味著他是解空第一人呀！不如為他取名『空生』。這是大吉大利的事情，而他的將來也不會為世間的名聞利養所束縛，實在妙也！」

這是須菩提出家前的佛緣。

須菩提出家後，和其他的出家人一樣，過著三衣一鉢的生活。上午沿著街坊提鉢乞食，下午隨同佛陀聽教參禪。

按照佛陀的法則，乞食之時，每日外出，應當次門次第，排成列隊，無論人家施捨與否，都必須一個個經過。然而，須菩提卻並不從眾，在乞食這件事上，這位善解空義的佛陀弟子不但每日一踏出精舍就與眾僧人分道而行，而且在衣冠舉止上也大有不同。

須菩提的乞食，一定是威儀整齊，行止安詳地出發。

原來，須菩提這種做法是因為他在乞食行化的時候，恪守一個準則，就是只到富人家裡行乞。

當須菩提見到房屋矮小破敗，或者知道這家經濟窮苦，他絕對不會托著行缽前去敲門。無論多遠的路途，無論多難的跋涉，須菩提都要趕到富貴人家去敲門行乞。否則，寧可是餓著肚子，須菩提也絕不行乞。

對於須菩提的行為，眾比丘僧人起初都沒有在意，可是久而久之，須菩提怪異的行為終於引來了大家的注意，他「乞富不乞貧」的做法也引來了一些誤解和不滿。

一次，在毗舍離的國境內，托缽行乞的須菩提遇到了一位同樣在行乞的比丘。

這位比丘面對著衣冠整齊的須菩提，不禁譏笑道：「窮在眼前無人問，富在深山有遠親。而今的毗舍離都城大多都是富戶，不知尊者今天看上哪一家？」

聽到刺耳的話，須菩提並沒有感到不滿，反而耐心地向比丘解釋道：「大德！我並不是看不起窮人，或者貪圖富貴人家的衣食，我只是真正同情貧窮者。的確，我發願只向富者行乞，不向窮人托缽，這是我的苦心，還請道友體諒。」

而這位比丘卻並沒有把須菩提的話放在心上，反而得寸進尺地取笑道：「人人都知道尊者乞富不乞貧，也難怪尊者身強體壯，每天營養充足，我等實在不如！」

須菩提看著眼前這位比丘，搖頭嘆道：「請不要這樣說！我只向富貴人家行乞，絕不是為了貪圖美味珍餚，如果我要貪圖享樂，也不必出家修道。之所以不去窮苦人家行乞，是因為窮苦人家連自己的生活都難以維持了，哪裡還有多餘的食物供養我們？他們即使真心發願，但也是心有餘而力不足。我們現在既然無法救濟他們脫離飢餓，就不應該再去

增加他們的負擔！反而是富貴人家，區區乞食，對他們來說實在微不足道。這才是我乞富不乞貧的真正原因！」比丘聽到須菩提這一番言論，才無話可說。

在僧團中，有一個人與須菩提這種乞富不乞貧的化緣方法恰恰相反。這個人便是大迦葉尊者，他的行乞方式是乞貧不乞富。大迦葉尊者對自己的做法解釋道：「我們出家的沙門，守道行法，接受人間的供養，為其增添福慧。向窮人乞討，是為他們增加福祉，為他們將來做打算，而對於富人，我們何必錦上添花？」

當然，須菩提和大迦葉尊者都有自己的見地和看法。

佛法多門，各行其道本是無可厚非，總之一切都是為了利益眾生。

但佛陀對此並不贊同，責備二人心不均平，並不合乎真正的乞食法，即不擇貧富，不分穢淨，嚴肅威儀，次第行乞。

於是，須菩提接受了佛陀的教誨，漸漸修正了自己「乞富不乞貧」的方式。

小知識

須菩提，以「恆樂安定、善解空義、志在空寂」著稱，號稱「解空第一」，為佛陀十大弟子之一。相傳《金剛般若波羅蜜經》即是須菩提與佛陀的對談紀錄。

諸佛之母

白繒輕衣、頭冠、瓔珞、耳璫、臂釧裝飾全身，乘坐金色孔雀，這便是孔雀
明王呈現給世人的形象，高貴清明，正如孔雀明王的無上情操。

孔雀明王出家修行時年僅十五歲。

十五歲，正是貪玩的年齡，他卻拜了佛陀為師，得法名摩提，開始修行。

摩提起初的寺廟生活並不是他所想的參禪悟道，由於年紀小，剛出家的摩提被安排幫助火頭僧做雜務。每天晨起到日落，摩提都把工作用在掃地、挑水、煮飯、打掃茅房這些雜務上。

孔雀明王。

一天，佛陀見到寺院中的茅房十分整潔乾淨，便把負責衛生的小和尚們集中起來，一一查問是誰清理的茅房。眾小和尚都說不是自己做的，摩提也沒有承認是自己的功勞。

雖然摩提沒有承認，但佛祖心裡是明白的。

時隔不久，摩提的父親來探望他，這天恰好趕上摩提清理茅房。得知父

親來看望他，摩提衣服也來不及換，澡也來不及洗，立即跑去見父親。父親見到摩提滿身污穢，勃然大怒，當即要求摩提和自己下山回家，並罵道：「我送你出家，是想讓你做一名高尚文雅受人敬重的高僧，不是要你做這種事情，實在是丟人！」

無奈之下，摩提只好把父親引到禪房，向父親背誦了一段佛經。不料，他的父親卻更加生氣。

摩提見到父親不理解自己的做法，耐心地向父親解釋：「寺裡的師父們年歲都已經大了，而我身強體壯，剛進寺院做些雜活，受些磨難有什麼不對呢？」

父親聽了摩提的解釋，認可了他的做法，也不再計較，囑託了摩提幾句，便下山了。

實際上，摩提的父親根本沒來探望，這是佛陀化身對摩提的一次考驗。

顯然，結果令佛陀十分滿意。

後來，佛陀又趁摩提上山打柴時對他進行考驗。

這次，佛陀化成了一個年邁的老婆婆。當時烈日當頭，摩提又累又餓，準備打開布袋吃點乾糧，突然看見一個衣衫襤褸的老婆婆從樹林中走來。摩提見老婆婆滿臉菜色，便把自己帶來的午飯全部送給了老婆婆。

透過了佛陀考驗，摩提開始有機會誦讀經書，學習佛事。

佛陀見摩提心地善良，信仰堅定，便經常為他講述觀音、文殊、普賢等菩薩修成正果的故事，強化他的信念，淨化他的心靈。

摩提受到佛陀的教誨，很快修得了相當的造化。

般若佛母。

有天，摩提被派到一座禪院誦讀《菩薩本業經》。出發的時候已經臨近傍晚了，去禪院的路途又十分遙遠。

天色越來越黑，山中的虎嘯聲也越來越清晰，摩提一邊閉目唸經，一邊快步行走。

摩提走到一片空地的時候，突然看到一隻美麗的七彩孔雀向自己走來，孔雀背上坐著一位貌如天仙的女子。

女子走到摩提面前，微微笑道：「小師父要趕去哪裡？」

摩提恭敬地回道：「到山那邊的禪房誦讀經書。」

女子又說：「到那裡還有三、四十里的路，深山老林，路途難走，小師父不如先停留一晚再趕路吧！」女子語畢，便當著摩提的面脫去輕薄的紗衣，赤裸著身體一把將摩提抱住。

摩提嗅到少女的迷人體香，不僅有些頭暈目眩，但他轉而又想到師父教誨的「佛門十戒」，心中的一絲動搖變得清明了。

於是，摩提閉目斂息默誦起《波羅蜜多心經》。過了很久，摩提再次睜開雙眼的時候，哪裡還有什麼少女，只有那隻美麗的孔雀正向他展

開華美的彩翎。

　　孔雀走近摩提，用嘴將他叼起放在背上，隨後一路乘風將摩提送到了禪院。

　　從此，摩提便騎著孔雀四處巡視。

　　山中蟲獸見到他無不驚慌逃竄，林中百鳥見到他紛紛歡樂的啼叫，百姓見到他無不恭敬朝拜，並將摩提尊稱為「孔雀明王」。

小知識

　　孔雀明王，又稱佛母大孔雀明王。佛教中，通常認為孔雀明王是諸佛事業化現的一位化身，主掌「滅一切諸毒怖畏災惱」、「攝受覆育一切有情獲得安樂」，其功德能生諸佛神，因此稱為佛母。

護法的怪物

「天龍八部，人與非人，皆遙見彼龍女成佛」。六道眾生輪迴，一切無常，身為天龍八部的護法卻永遠不變。

　　在佛教護法眾神中，天龍八部數量最多，力量也最強大，但他們在佛教的地位並不高，這和他們本身的不完美有關。

　　天龍八部具有八大部的強大力量，卻不像佛、菩薩般功德圓滿，儘管天龍八部具有消災、降福、增益、招財等功能，卻始終沒有脫離貪、嗔、癡三毒。

　　天龍八部中的諸神一開始並不是佛教的護法神，他們之中大部分來

天龍八部。

自於古印度神話和印度教。這眾多的非人生靈，能成就出天龍八部的護法地位，各有不同的渡化經歷。

天龍八部中，有一個旁支被稱為夜叉，佛教定義中，牠們本是以威勢惱害人類的鬼類，不過，有一些幸運的夜叉成為了守護正法的護法，五夜叉便是其中之一。

相傳，古印度有一位慈力國王，他執政期間舉國上下安居樂業衣食無憂。而且，這位國王有大慈悲之心，經常供養修行的沙門、比丘，無限滿足著眾生的願望。

一天，慈力國王的這片淨土突然來了五個不速之客，牠們本是五個夜叉，因作惡多端被關押在多聞天王的監獄裡，如今偷跑了出來。

五夜叉來到慈力國王的土地上，起初想散播傳染病奪取人們性命，卻發現無論如何也不能傷害人們。

五夜叉感到十分奇怪，便化成人形問牧童：「你們這裡的人為何不會生病？」

牧童回答：「因為我們有慈力國王，他以大慈大悲之心保佑百姓，任何妖魔鬼怪都傷害不到我們。」

五夜叉不相信世間竟有如此大善之人，便化成婆羅門的形象來到慈力國王面前，懇求道：「我們已經餓了很久，能不能讓我們飽餐一頓？」

國王回答：「無論你們需要什麼，我都會盡力滿足！」

五夜叉繼續說：「我們只需要活人的鮮血。」

這個答案著實令慈力國王為難，雖然國王已經明白他們是惡鬼，並不是婆羅門徒，但本著慈悲心腸，他決定把自己的鮮血佈施給五夜叉。同時，又向五夜叉發了一個堅定的誓願：一定以我的鮮血供養到你們滿

足為止！

慈力國王的做法感動了帝釋天，祂用神力為國王加持，保護了國王的性命。

五夜叉心滿意足地享用國王的鮮血，並沒有傷害國王的性命。

當五夜叉準備離去的時候，慈力國王又發出了更偉大的誓願：「以此佈施血肉的善根及福德力，願世上一切眾生速得安穩！」

五夜叉聽到國王如此發願，心中也有觸動，對國王說：「我們欣賞您的正等正覺，懇請您同意我們將來做您的首座眷屬。」

國王說：「我的眷屬是不會傷害眾生的。」

五夜叉聽到慈力國王的話，發願說：「如果您接受我們，我們保證再也不會傷害眾生，並且奉行加持十善淨戒。」

於是，慈力國王同意五夜叉成為他的眷屬。

後來，這位慈力國王轉世成了眾所周知的佛陀，五夜叉也如願成為了五比丘。

小知識

天龍八部，包括八種神道怪物，皆是「非人」，因為「天眾」和「龍眾」最為突出重要，故稱為「天龍八部」，包括：一天眾、二龍眾、三夜叉、四乾達婆、五阿修羅、六迦樓羅、七緊那羅、八摩睺羅伽。

以龍為食的神鳥

迦樓羅是一種大鳥，翅有種種莊嚴寶色，頭上有一個大瘤，是如意珠，此鳥鳴聲悲苦，以龍為食。

在天神時代，梵天將女兒毗那陀和迦德魯全都嫁給仙人伽葉波為妻。

伽葉波很高興，就對兩個妻子許諾說，不管她們提出什麼願望，都會得到滿足。

迦德魯說自己想要一千個兒子，而毗那陀只要兩個兒子。

很快，她們的願望就實現了。

迦德魯生下了一千顆蛋，經過五百年的孕育，孵化出了一千條大蛇，可是毗那陀下的兩顆蛋卻毫無動靜。

毗那陀求子心切，就動手敲開了一顆蛋，只見一個男嬰臥在蛋裡，上半身已長好，下半身還未成形。

這個畸形的男嬰對母親終止自己發育的行為十分氣憤，他流著眼淚詛咒道：「母親啊，我詛咒妳淪

迦樓羅。

273

為奴隸，直到妳的另一個兒子來解救妳。如果妳盼望他有非凡的力量，還要耐心等待五百年。」

這個形體不全的嬰兒說完之後，就飛走了。

毗那陀悔恨不已，她接受教訓，再也不敢去碰另一顆蛋。

果然，詛咒變成了現實。

迦德魯和她的一千個兒子串通一氣，打賭作弊陷害了可憐的毗那陀，使她淪為了奴隸。

又過了五百年，毗那陀的第二顆蛋終於孵化成熟，一隻體魄強壯、身軀巨大的雄鷹破殼而出。大鷹的翅膀碩大無比，據說有三百三十六萬里長，上面長滿了耀眼的金色羽毛。當牠展翅翱翔時，太陽撒向大地的光芒都會被牠阻擋。

毗那陀一見到自己英勇非凡的兒子，淪為奴隸的痛苦立即消減了一半，她給兒子取名叫迦樓羅，希望牠日後將自己救出苦難的深淵。

一天，迦樓羅飛到海邊看望母親，恰好聽見迦德魯在刁難毗那陀：「大海中有一個島嶼，非常適合蛇類居住，妳把我和我的一千個兒子馱到那裡吧！」

迦樓羅知道迦德魯在強人所難，就上前幫助母親。牠讓母親馱著迦德魯，自己馱著那一千條大蛇，母子二人一起飛上天空。

迦樓羅背著一千條蛇朝著太陽飛行，熾烈的陽光烤得這些蛇昏昏沉沉，有的竟然變得僵硬起來。迦德魯心疼不已，急忙向三界之主因陀羅求救。因陀羅用一片雲彩遮住太陽，還降下大雨，保護迦德魯母子平安著陸。

來到島上，迦德魯和她的兒子們盡情玩樂，並不時奚落毗那陀。

迦樓羅看著可憐的母親，憤憤不平地問：「我們為什麼要給蛇類當牛做馬？」

毗那陀說：「我賭輸了，才淪為這賤女人的奴隸。」

迦樓羅立刻去找迦德魯，讓她提出能使母親獲得自由的條件，迦德魯想了想說：「如果你找到仙露，我就放了你的母親。」

迦樓羅決心解救母親，就決定飛到三十三重天盜取仙露。

毗那陀虔誠地為兒子祝福祈禱：「親愛的兒子，你要小心謹慎。請風神保護你的雙翼，請月神保護你的背脊，請火神保護你的頭，請太陽神保護你的身軀。有了諸神的護衛，你一定會成功的！」

聆聽了母親的祝願，迦樓羅展開雙翅飛向三十三重天。

路上，迦樓羅遇到了父親伽葉波仙人，就向他討取一些吃的，伽葉波仙人說：「離這裡不遠有一個湖泊，湖邊有一頭大象，湖底有一隻烏龜，你就以二者為食吧！」

迦樓羅聽了父親的話，飛到湖泊邊，伸出鋒利的爪子，分別將大象和烏龜抓住吞食了。

吃飽之後，迦樓羅繼續趕路，很快就飛到天宮門口。

天帝因陀羅預知迦樓羅要來劫取仙露，早就派眾天神守護在仙露旁邊，拿著武器，嚴陣以待。

迦樓羅呼嘯而來，用巨翼扇起颶風，颳得整個世界漆黑一團，接著伸出巨爪猛地一擊，將眾天神的武器紛紛擊落在地。

因陀羅見狀，急忙應戰，迦樓羅從高空俯衝下來，用翅膀將因陀羅拍了一個跟頭，轉身向仙露飛去。

突然，仙露周圍升起了烈焰，頃刻間充滿了整個天空。迦樓羅迅速

變化，長出了八千一百張嘴，吸來江河湖泊的水，把大火撲滅，奪走了仙露。

因陀羅不甘心，揮舞著金剛杵，追了上去。

迦樓羅不僅不逃，反而表情泰然地站立在原地，牠鎮靜地說：「天帝，我的翅膀能將整座大地背起，祢是鬥不過我的。如果祢願意與我化敵為友，就請跟我走一遭。」

接著，牠將母親受到詛咒淪為奴隸的事情告訴了因陀羅。

因陀羅听後深受感動，就與迦樓羅一起回到蛇島。

迦樓羅見到迦德魯，對她說：「仙露我已經拿來了，就放在俱舍草邊，妳釋放我的母親吧！」

迦德魯表示同意。

誰知，迦樓羅馱著母親離開時，因陀羅卻偷偷地將仙露揣進了懷中。迦德魯的兒子們聚在一起，舔舔俱舍草，結果舌頭都開了叉。而俱舍草沾染了蛇的毒液，變成了一種聖草。

根據佛教的說法，迦樓羅後來成了天龍八部之一，有種種莊嚴寶相。由於牠每天吞食一條龍王和五百條壽龍，體內毒氣逐漸聚集，最終無法進食，在飛往金剛輪山的時候毒氣發作，自焚而死，最後只剩一顆純青琉璃心。

🌸 小知識

　　天下有無數迦樓羅，由威德、大身、大滿、如意四大迦樓羅王統領。同時，迦樓羅也是觀世音化身之一。

父女輔觀音

龍女成佛，於佛教的釋義中，既是對性別地位的一種否定，同時也展現了《法華經》在引導眾人頓悟渡化的作用。即身成佛，成就的不僅僅是龍女的功德，更是向世人展現了佛法的廣闊。

　　觀音菩薩的塑像兩旁立著一對童男童女，民間往往稱為「金童玉女」，對佛教文化稍微瞭解一點的人都知道那位童男叫「善財」，童女叫「龍女」。

　　透過佛經上關於龍女的記述，可以得知她實際上是娑伽羅龍王的小女兒，原本屬於佛教護法神「天龍八部」的一支，後來機緣巧合成了觀音菩薩的貼身右近侍，這裡面的故事要從《法華經》說起——

　　龍女自幼聰明伶俐，她八歲那年龍宮中來了一位貴客——文殊菩薩。文殊菩薩原本受邀來演說《法華經》，龍女恰好被父親帶去旁聽。也許娑伽羅龍王本意只是讓聰慧的小女兒耳濡目染一下佛教的莊嚴與高深，並沒有考慮其他，但對龍女而言，這次演說卻成了她在佛

龍女。

法上精進的重大轉折。

不難想像，以文殊菩薩的智慧和口才，這次演說格外精彩。令人意想不到的是，當時龍女僅僅聽了一回文殊菩薩的演說，便豁然開悟，幾乎剎那間通達了佛法要義，當即發出大菩提心。這種修為實在是令人震驚。

即使文殊菩薩的開悟能力強大，也不至於使一位八歲的龍女在轉瞬間通達佛法的要義。這不得不說龍女本身聰慧，具有佛法慧根。

時隔不久，佛教徒們集結了一次法華大會。法華會剛開始的時候，文殊菩薩想起了龍女的佛緣，便對智積菩薩提起，娑伽羅龍王的八歲幼女持誦《法華經》，在剎那間通達內心發菩提誓願即身成就佛道。

智積菩薩身為佛教大乘菩薩，見多識廣，聽到文殊菩薩的話，表示無法相信。就在智積菩薩大為迷惑時，龍女突然現身法華會，向佛陀行以「頭面頂禮」之儀，又以偈頌稱讚佛陀的功德。

此刻，在場的神佛菩薩無不驚嘆。

始終站在佛陀身邊，號稱「智慧第一」的舍利弗開口問道：「妳生為女身，佛說女身垢穢，不能堪當法器，妳又怎麼在這樣短的時間內成就無上菩提呢？」

龍女笑而不答，只是拿出一顆價值三千大千世界的寶珠獻給佛陀。佛陀看著龍女，慈愛地接受了寶珠。

見佛陀微笑著接受了寶珠，龍女反問舍利弗：「你看見佛陀接受寶珠沒有，速度快不快？」

舍利弗笑答：「當然看到了，速度當然也快！」

龍女接著回答：「成佛當然也可以這麼快！」語畢，只見龍女頃刻

間化為男人的形象，在眾神佛的視線中飛到南方的無垢世界，端坐在寶蓮花上，一瞬間，龍女已經顯現出正覺、智慧莊嚴的形象。

眾神見了無不感嘆妙法精深，婆娑世界的菩薩、聲聞、天龍八部、人、非人等紛紛朝佛陀遙遙敬禮。

此後，眾人終於相信了即身成佛的真實性，更讚嘆《法華經》的殊勝功德與神奇的加持力。

法華會之後，成佛的龍女化身為女童輔助觀世音菩薩普渡眾生，成為了觀音菩薩的貼身右侍。

龍女的父親娑伽羅龍王，為觀音菩薩二十八部眾之一，因女兒成為有名望的佛教界人士，也隨之成為了有名氣的父親。

他開始擁護佛教，並深入其中去探索佛法精神。

有一次，娑竭羅龍王問佛陀：「是否有一法簡單易行，卻能涵蓋一切？」

佛陀回答：「有四殊勝法，若能受持讀誦、深解其意，用功雖少，獲福甚多，與讀誦八萬四千法藏功德無異。」

娑竭羅龍王問：「四殊勝法是什麼？」

佛陀說：「諸行無常，一切皆苦，諸法無我，寂滅為樂。」

娑竭羅龍王聽後，立刻開悟。

小知識

龍女「即身成佛」的典故，在佛教中十分有名，被認為是佛陀教法圓滿的展現，令修行者看到速得成就終尋佛果的可能。

含著「金湯匙」出生的娃娃

「參獅子宮法寶髻長者，重疊妙閣十界施十寶。前因蘊積智藏得此果，福德寶藏得離愚癡行。」善財童子以遊學的經歷參悟出要偈，種種法門，亦是大乘的善知識！

在觀世音菩薩身邊，有一位模樣白淨可愛的童子，祂雖然不是佛教中的主神，卻有一種神力——招財進寶，因此得到了無數人的喜愛，祂就是善財童子。

相傳，在古印度有一座福城。

某一天，城中的首富在晚年迎來了自己的第一個兒子。他興奮不已，正要吩咐僕人開倉放糧，來慶祝這一件喜事，緊接著，更大的驚喜發生了。

只見孩子剛一啼哭，富翁家中就多出一些奇珍異寶，有些珍寶甚至是富翁行商多年都難得一見的至寶。富翁又驚又喜，忙請占卜的婆羅門過來觀看。

婆羅門一看男嬰的容貌，連連向富翁賀喜：「恭喜，恭喜！這孩子有大福大德之

善財童子。

相，不妨給他取名為善財童子！」

富翁一聽也很開心，忙不迭地點頭道：「善財，好名字！就叫他善財吧！」

於是，「善財」這個名字就在城中叫開了。

善財童子的成長道路上沒有什麼挫折，佛緣卻使他不願安於衣來伸手、飯來張口的安穩日子，他的出家，他的遊學，只缺一個機遇。

幸好，善財童子的「有緣人」沒有令他苦等太久，這個有緣人就是文殊菩薩。

一個風和日麗的午後，無所事事的善財童子吃飽了午飯，獨自在郊外散步。

恰好文殊菩薩經過，兩個人在佛陀的安排下不期而遇。

善財童子見到文殊菩薩，激動的心情難以抑制。

他問：「菩薩，我每天都過著同樣的生活，找不到人生的真諦，請您指示我應當如何追求真知。」

文殊菩薩的慧眼發現了善財童子的佛緣，回答說：「大千世界，你總要四處遊學經歷，方能感悟真知，尋找到人生的真諦！」

經文殊菩薩一番指點，善財童子豁然開朗。他明白不能繼續過去的生活，需要走出家門，到各地遊學感悟。

善財童子回到家中不久，就辭別父母，換上僧衣，開始了自己的遊學生涯。

善財童子生來聰慧活潑，善解人意，到各國遊學參拜得道長者的時候，基本都能相談甚歡。長者們不僅對他疼愛有加，向他傳道授業，還會幫他引見不同的得道僧人研習佛法。隨和的善財童子有時也會固執，

討論到「金銀財寶」這些如何發財的問題上，他的態度幾乎可以用輕蔑形容，只有對真理的追求才會令他提起興致。

參道遊學的過程令善財童子獲益匪淺，可是他仍然覺得始終沒有達到自己內心的追求。

於是，善財童子又一次參訪了文殊菩薩，虛心求教奉行普賢行的方法。

文殊菩薩告訴他：「你要學習普賢行，最基本的方法，就是參訪善知識。」

善財童子聞言，不禁面露難色：「聖者！我不知道哪裡有真正的善知識可參訪，我實在沒有能力分辨善惡！」

文殊菩薩笑道：「對於善知識，應該將心力集中在德行、特長上，效法優點，而不要去評判、挑剔過失、弱點，這就是參訪的第一要義。」善財童子得到了參悟之法，滿心感激地告別了文殊菩薩，再一次開始了遊歷參訪。

此後，善財童子遊歷在

清初顧繡《五十三參》局部圖。

282

各個國家，經常去聽哲學家們的演講，陸續拜訪了菩薩、比丘、比丘尼、優婆塞、優婆夷、童子、童女、天神、天女、婆羅門、長者、商人、醫師、船師、國王、仙人、佛母、王妃、地神、樹神等各種不同身分的上善之人，研習不同的善知識。

期間，善財童子共遊歷了一百一十個城市，參訪了五十三位善人，參研出了「善財五十三參」。

最終，皇天不負苦心人，當善財童子抵達普賢菩薩的道場時，他證入無生法界。

後來，善財童子成了觀音菩薩的貼身左侍。

小知識

善財童子的事蹟記錄在《華嚴經》中，在民間傳說裡，善財童子有另一種出身，他是個孤兒，在大華山過著苦行生活。為了驗證他的誠心，觀音菩薩命眾仙假扮強盜、惡棍，欺凌自己，導致自己跌落斷崖，此時，善財童子毫不猶豫地隨她一起跳了下去。這份真誠的求道心，使善財童子得以隨侍在觀音菩薩身旁。

在家為父子，出家為兄弟

地藏菩薩無量劫以來便發心，要在穢惡世界渡眾生。越穢惡的世界越要去，越苦惱的眾生越要度。並且還要到沒有佛法存在的世界去，因為那裡的眾生苦難最多。菩薩的願力各有不同，而地藏菩薩的慈悲大願，是著重在穢惡世間。

　　我們在廟裡的地藏殿常常看到在地藏菩薩的兩側有一長者與一年輕小和尚的像，這就是地藏菩薩的左右脅侍——閔公長老和他的兒子道明。

地藏王菩薩身邊的道明和尚和五道將軍。

　　地藏王菩薩以前是新羅的太子，名字叫金喬覺。他雖然貴為太子，衣食無憂，可是總覺得這樣的生活缺了點什麼，很乏味，於是嚮往佛法的他出家當了和尚，四處雲遊。來到九華山後，覺得這裡山清水秀的很有靈氣，就想在這裡修行。

　　九華山的主人，名叫閔讓和，為人樂善好施，經常齋僧佈道，人們都稱他為閔公。

　　經常到閔公家參加齋會的僧人一共有九十九位，因為所齋僧眾不滿百，讓他深感遺憾。

這一日，閔公聽說山中來了雲遊僧人，住在九華山的一個山洞裡，就想把他邀請來參加齋會，以實現齋僧百人的心願。

這年農曆七月三十日，閔公又邀請山上的僧人齋會，他派兒子道明親自去請雲遊僧金喬覺前來參加。

金喬覺到來後，就向閔公要一個地方給他修行。

閔公是信佛之人，當即就同意了，問他：「你要多大的地方呀？」

金喬覺不假思索地說：「我只要袈裟那麼大的地方。」

閔公看看他的袈裟又沒多大，就答應了。

只見金喬覺把他的袈裟一揮，竟罩住了整座山頭！

閔公一見大驚，趕緊伏在地上，說：「老朽鄉野俗人，不知神僧今日駕到，罪過，罪過！我願將這九華山全部獻給神僧，以做道場，請神僧笑納！」

金喬覺伸出雙手扶起閔公，連說：「多謝施主，多謝施主。」

後來，閔公受佛家影響越來越深，他先送兒子出家，自己也隨後出家，父子二人都拜金喬覺為師，終成正果。

再說金喬覺，在九華山修行了十年，新羅王室商議請他回國擔任護國師，在新羅國內宣講佛法，並派遣金喬覺的兩個舅舅，也是新羅國內一致公認的最聰明、最有威望的兩位臣子，前往九華山迎請金喬覺回國。

兩位使臣帶著國王的御書登船啟程了。

臨走的時候，金喬覺的妻子還專門趕來為兩位舅舅送行，並再三囑咐要把金喬覺勸請回國。

兩位使臣駕船出海不久就碰上狂風暴雨，坐船船帆被撕成碎片，桅

杆折斷了，所帶的錢財也被風浪捲走。

可怕的暴風雨持續了三天三夜，他們又經過了五天五夜的航行，才抵達了大唐的港口。

到了大唐以後，兩位使臣飢腸轆轆、囊空如洗，只能一路乞討著來到九華山下。只見整個九華山籠罩在一片雲霧當中，奇峰羅列、靈氣非凡，真是個好地方！再看山道上，幾乎全是來自各地的香客。

兩位使臣看到如此熱鬧的場景，心中盤算：這座山鍾靈毓秀，香火又旺，他會捨得回去嗎？看來要請他回去不容易啊。我們雖有國王御書，但這裡畢竟不是我們的國土；雖然我們是他的舅舅，但他已經出家脫俗，各種家規俗禮也發揮不了作用……兩位大臣心中不停地盤算，越想越感到困難重重。突然，他們想起新羅國有個插簪佔地為先的習俗，便決定先不找金喬覺，只是偷偷地把刻有新羅國號的金簪插在金喬覺最初修道的南臺上，然後就悄悄地下山了。

第二天一早，兩位使臣來到九華山，金喬覺趕緊出門迎接。

甥舅十年不見，分外親熱，金喬覺把自己這些年的情況對兩位舅舅說了一遍，又問了王室和家中的情況。

兩位使臣見時機已到，從懷中取出御書，雙手捧給金喬覺，然後把王室準備請他回去擔任護國師的事說了一遍。最後還特別提到金喬覺家中的情況：「你的母親自從你離家出走後，萬分思念你，常常一個人哭，眼睛都哭瞎了，整日唸叨你的名字。這些年來，多虧了你的娘子一直在她膝前精心侍奉。在我們登船出海的那一天，你的娘子還專程趕來為我們送行，讓我們無論如何也要請你回家一趟。」

金喬覺接過御書一看，非常感動，再聽到兩位舅舅說家裡老母和妻

子的情況，更是在黯然傷心。沉思了一陣子，抬起頭來道：「阿彌陀佛，雖然家母曾為我操勞大半輩子，娘子也代我辛勤侍奉雙親，但是，我已為出家之人，不能再過問方外之事了。況且，我現在所從事的一切，也不是為了貪圖個人的安樂，而是為了解救普天之下大眾的疾苦。我絕不能為了一己之私而有損眾生的幸福。再說，宣講佛法是沒有地域界限的，因此，我只能盡職於我的使命，永遠留在九華山修行，不再回新羅故國了。」

佛、菩薩講經時在身旁侍奉的童子。

　　兩位使臣無可奈何，看九華山山靈水秀，就跟著金喬覺一起留下來修行了。

　　金喬覺修行圓滿，成為地藏菩薩之後，閩公和道明父子成了他的左右脅侍，他的兩個舅舅也成了他的侍者。

　　🌸 小知識

　　大乘經中一切大菩薩，如觀世音菩薩在此世界渡眾生，所示現的都是在家相，比如現白衣大士，或者現天人等相；文殊師利菩薩現童子相；普賢菩薩也是在家相；只有地藏菩薩現出家相。

第五章

二十四諸天
護佑佛法

二十四諸天是佛教二十四位護法神總稱，其大多來自於印度教天神。後來，漢傳佛教的有些廟宇，又吸收了三位道教神祇，以及天龍八部的緊那羅王而成為「二十四天」。

　　這些護法神分別列在大雄寶殿兩側，供奉有順序，分別是：功德天、辯才天、大梵天、帝釋天、四大天王、日神、月神、金剛密跡力士、摩醯首羅天、散脂大將、韋陀天、堅牢地神、菩提樹神、鬼子母、摩利支天、娑伽羅龍王、閻摩羅王、緊那羅王、紫微大帝、東嶽大帝、雷神。

創造之神的恩惠

「其輕視小惡，以為不會受報應。其輕視小善，水滴不斷落下，最後能灌滿整個瓶子。聰明的人逐漸積集小善，致使整個人充滿著福德。」幫助他人，積小成善，也是對自己的恩惠。

大梵天像。

混沌初開之際，在湛藍澄清的海底，蘊藏著溫暖和煦的熱火。

有一天，一顆金黃色的蛋冒出水面，隨意地飄浮，它在熱火的烘灼下慢慢變大，顏色也變得越來越璀璨。

沒過多久，金蛋孵化成熟，突然開裂，從中走出一位膚色粉紅、四頭四臂的老人。只見他身穿白袍，四張臉分別朝向東、南、西、北四個方位，象徵著四部吠陀經；四臂則分持唸珠、權杖、弓箭、盛有恆河水的水罐等物，其中唸珠用來記載時間，恆河水用來衍生萬物。

這位神奇的老人就是世間萬物的始祖——大梵天。

大梵天將金蛋的蛋殼一分為二，一部分上升，做為蒼天；一部分下降，做為大地。

接著，祂創造了眾神、妖魔、人類，以及世間萬物，並將宇宙的統治權交給天神與阿修羅，然後隱退，獨自修行。

沒想到，阿修羅與天神的戰爭越演越烈，才智超群、力量雄厚的阿修羅勢不可擋，祂們將天神一步步擊退，眼看就要其置於死地。大梵天見狀，非常氣憤，他用怒火創造了濕婆魯德羅，稱祂為「毀滅之神」。魯德羅高舉正義的寶劍，狠狠地打擊了阿修羅。同時，大梵天賜給眾天神力量，讓祂們最終戰勝了阿修羅。

但是，眾神被勝利沖昏了頭，開始趾高氣揚起來，以為是憑著自己的力量戰勝了阿修羅。

大梵天覺得應該讓這些自大的神仙清醒一下，不然祂們會走向滅亡，於是變成夜叉來到眾神面前。

眾神看了好半天也沒認出祂是誰，就請求火神：「你看一看，這個夜叉是誰？」

火神很自信地來到夜叉面前。

大梵天問：「祢是誰？」

火神以為自己很有名氣，生氣地說：「祢連我都不認識嗎？我就是火神！」

大梵天說：「好啊，無所不知的火神，見到祢很榮幸，可是祢為何這麼自負呢？」

火神憤怒了，說：「你知道嗎？我可以在一剎那間把世界化為灰燼！」

大梵天說：「是嗎？那就請祢把這根小草棍燒掉吧！」

說罷，大梵天把一根小草棍舉到火神面前。

火神應要求燒那草棍，但用盡了力量也沒把草棍燒著。

火神羞愧得滿臉通紅，轉頭回到眾神中，說：「我不認識這夜叉是誰，我認輸了。」

眾神又去找風神：「請祢去認一下那個夜叉是誰？」

風神也是很自信，他朝火神微笑一下，意思是說祢不行，看我的。

風神來到大梵天面前。

大梵天問：「祢是誰？」

風神驕慢地說：「我是風神！」

大梵天說：「哦，祢就是在空中遊蕩的風，請祢告訴我，祢有何本事？」

風神說：「我一口氣可以把大山吹跑了！」

大梵天又舉起一根草棍：「祢有那麼大的本事，那就先吹這草棍吧！」

風神本來覺得這位夜叉是在侮辱祂，但祂還是鼓起嘴來吹，可是小草棍一絲不動。

風神羞愧得臉通紅，回過頭去對眾神說：「我無法知道這個夜叉是誰。」

於是，眾神去求見神王因陀羅，請祂去辨識這位夜叉。

因陀羅有一千隻眼睛，沒有他不認識的東西。

祂來到大梵天的面前，可是夜叉一轉眼卻不見了。

因陀羅不知所措地站在那裡，這個時候喜瑪拉雅山公主走過來了。

因陀羅虔誠地向喜瑪拉雅山公主行禮，說：「女神，您具有濕婆神的力量，一定知道剛才那夜叉是誰。他為什麼到這裡來？又為什麼馬上

走了呢？」

喜瑪拉雅山公主回答：「那個夜叉就是大梵王，祢們戰勝了阿修羅，是靠祂的力量，祢們不該居功自傲。祂來這裡是為了教訓祢們，打擊一下祢們的驕傲情緒。」

眾神聽後都嚇呆了，祂們口中唸著「大梵天」，不停地行禮。

後來，大梵天被佛教吸收為護法神，成了釋迦牟尼佛的右脅侍，同時又是色界初禪天之主。

被漢化後，大梵天成了中年帝王的形象，手持蓮花，身後有輔臣簇擁。

❀ 小知識

大梵天，佛教護法天神，二十四諸天之一。同時，他又是印度教的創造之神，與毗濕奴、濕婆並稱三主神，被認為是萬物的始祖。他的配偶是被稱為智慧女神的辯才天女（有時梵天也會被稱為智慧之神），坐騎為孔雀。

佛教護法神——大梵天。

前世今生

「業不重不生娑婆，愛不斷不生淨土。」聖者投胎轉世是憑願力自在而來，凡夫投胎轉世是隨業力無奈而來，同樣轉世投胎，境界卻是截然不同。

從大梵天右腳大拇趾出生的達剎，成婚後生下了五十個女兒，他把其中的十三個女兒嫁給了仙人伽葉波。

在這十三位妻子中，伽葉波最疼愛的就是達剎的三女兒阿底提。

阿底提懷孕後，生下了一個結實渾圓的男嬰。

這個男嬰五官端正，一副威嚴之相，皮膚黃裡透紅，十分健康。

他呱呱墜地後並沒有哭鬧，而是好奇地望著眼前這個陌生的世界。他發現母親腰間佩著一把寶石鑲嵌的匕首，便伸出稚嫩的小手，將匕首抓住，抱在懷裡，對著母親呵呵笑起來。

這個名字叫做帝釋天的男嬰長大後，殺死了妖魔艾穆沙，並征服了許多黑暗勢力，打敗了無數危險可憎的敵人。眾神都對他的正義與威武讚嘆不已，一致向大梵天推舉他為天神之王。

大梵天瞭解了帝釋天的事蹟後，鄭重地封他為雷神與天帝，負責維持天上與人間的正義。

佛經記載，佛陀過去曾轉世為帝釋天。

在一次遊行，帝釋天看見過去生的摯友今生受報為婦人身，成為一位富人的妻子，她為財色所迷惑，身處市井商肆之中，不能覺悟無常的道理。

為了幫助過去生的摯友，帝釋天變成一個商人來到富人的妻子面前。

他望著富人的妻子打罵小孩，啞然失笑，又看到旁邊玩撥浪鼓的小孩，又不由得笑了。

這個時候，有人因父親生病，殺牛祭奠神明，祈禱父親病癒，帝釋天看後還是笑。

正巧，一個婦人抱著小孩路過，小孩對自己的母親很兇，把母親臉頰抓得流血不止，帝釋天見此情景依舊不禁莞爾。

這時，富人的妻子忍不住好奇心，問道：「您站在我的面前總是笑，到底為什麼？」

帝釋天回答：「您是我的摯友，只是如今忘了。」

富人的妻子聽到這話很生氣，覺得他說話不著邊際。

帝釋天見到她的樣子，明白她已將過去生的種種忘記了，於是為她揭開了謎題：「我

帝釋天。

見您打小孩而失笑，是因為孩子的過去生是您的父親，今生投胎成了您的兒子。一世之隔，就算至親也不熟悉了，何況是長久的宿世相隔呢？那個玩撥浪鼓的孩子過去生是一頭牛，死後投生到主人家做主人的兒子。主人用牛皮蒙這個撥浪鼓，孩子不知宿世的因緣，撥打自己過去生的身體。用牛做為祭奠品，祈願自己父親痊癒的人，猶如服用鴆毒來治病。他的父親會因此被牛所殺，而祭奠時被殺的牛則會投生人身。打自己母親的小孩，本來是這家人的小妾。這個母親是這家的正室，妒忌小妾受寵，經常暴打殘害小妾，使她含恨而終，投生為正室之子，讓正室受其打而不敢生怨。因緣業報如此不可思議，所以我忍不住失笑。」

富人的妻子聽後，覺得不可思議，但心裡已經有所觸動。

就聽見帝釋天繼續說道：「世間的種種繁華猶如閃電。希望您能醒覺無常的道理，不要與愚者為伍。我現在要回去了，改日再來拜訪。」說完，就消失了。

這下，富人的妻子如醍醐灌頂一般，明白了許多道理，開始誠心期待帝釋天再次到來。

不久，帝釋天果然登門造訪，但這次他變得容貌醜陋，穿著破衣爛衫，站在門口高聲說道：「我的摯友，我受邀而來，妳快來接待我呀！」

富人的妻子端詳了一陣子，實在無法認出，就冷言冷語地說道：「你怎麼會是我的朋友?!」帝釋天現出元身笑著回答：「難道我改變了容貌，更換了衣服，妳就無法認出我了？」

語畢，帝釋天正色道：「請您好好的奉行佛法，奉侍供養佛陀。生命就在呼吸之間，千萬不要被世間的種種慾望所疑惑。」說完，再次消失不見了。

原來，那個富人的妻子就是過去生中的彌勒，而帝釋天，就是過去
生的佛陀。

小知識

　　帝釋天，全名為釋提垣因陀羅，佛教護法天神，二十四諸天之一。
祂主要掌管戰鬥和雷電，與梵天同為佛教護法主神，以成善著稱。佛教
有一種說法，任何行善積德之人，都可以轉生為帝釋天。

多聞施財

「為了修持慈悲心，一個人必須丟開自私的愛。」這用來形容多聞天王再適合不過，為了大愛，英勇捨棄小愛。

佛教認為，世界的中心是須彌山，北方多聞天王（又名毗沙門）是福德神，住在須彌山水晶埵，護衛北俱盧洲。祂身穿甲冑，配長刀，右手持傘，左手持銀鼠，代表祂一邊引導眾生向善，一邊用威力為善眾降魔伏怪，所以被佛教吸納為護教法王。同時，祂也是一位財神，執行任務時總會留下一大堆的金銀財寶給百姓。

多聞天王。

大概正是由於這個原因，祂的粉絲很多，香火也最旺。

相傳，當年四大天王閒來無事，就去觀音菩薩的道場普陀山遊歷。

走著走著，他們的肚子都咕嚕嚕地響起來，這才發覺已經很長時間沒吃飯了。正巧，前方竹林裡飄出一縷炊煙，四大天王大喜，急忙奔進竹林。

只見一座茅屋，屋門敞開著，一位衣著樸素的婦人正在灶邊生火做飯。

四天王饞得口水直流，對婦人略一行禮，請求道：「請施捨點飯給我們吃吧！」

　　婦人轉身，露出傾國傾城的容顏，她笑著請四天王進屋。

　　四天王一看這屋子僅到他們腰部，不由得犯了愁，心想，這可怎麼進去啊！

　　婦人抿唇一笑，催促他們：「沒有關係，你們進來好了。」

　　四天王為了能吃到飯，只好彎著腰往門裡鑽。神奇的是，四人居然越變越矮，最後全都進入屋內。

　　就在天王們面面相覷的時候，婦人招呼他們道：「我還要做菜，你們先盛飯吧！」

　　黑面天王飢渴難耐，第一個衝上前去打開鍋蓋，誰知他使了半天勁，竟然打不開。白臉天王見形勢不對，便去幫忙，不料他的手一沾到鍋蓋上，也使不上半分力氣。後面兩位紅臉和黃臉天王不信邪，一起發力，可是這鍋蓋彷彿有神力似的，牢牢地將四天王的手黏住，硬是不動分毫。

　　四天王憋得滿臉通紅，這才知道那婦人不是普通人，搞不好就是觀音菩薩，便苦著臉一齊向婦人請求道：「還請菩薩開恩，放我們一馬！」

　　婦人微微一笑，渾身散發出白色的光芒，恢復成觀音菩薩的真身。

　　觀音菩薩端坐在蓮座之上，笑道：「你們是有名的四大天王，怎麼連一個鍋蓋都打不開呢？」

　　四大天王均愧疚不已。

　　北方多聞天王見觀音菩薩沒有施法解救他們的意思，就請求道：「觀音菩薩，我願意從此來到人間，佈施財富於凡人，解救百姓於苦難中，

多聞天王在此描繪成做為守護法華經信眾的善神。

請菩薩開恩，放過我們吧！」

　　觀音菩薩這才面露喜色，施禮道：「善哉！善哉！以後你不得食言，要謹記為凡間佈施財物！」說完，觀音菩薩連同房子一起消失了。

　　四大天王全都撲倒在地上，他們忙不迭地擦拭著頭上的汗水，仍舊驚魂未定。

　　因為立下了誓言，多聞天王從此就時常在人間逗留，為世人廣散財物，他的善行也得到了百姓們的稱讚，紛紛建立天王殿，對他進行祭拜。

小知識

　　多聞天王，佛教護法天神，二十四諸天之一，為四天天王中的北方天王。最早起源於古代印度婆羅門教，因為經常聽佛陀的大乘佛法，故被稱為「多聞」。多供養多聞天王，可使事業順利，求財滿願。

破戒渡人

宣化上人曰：「一念光明就是佛，一念黑暗就是鬼。你念念光明就時時都是佛，你念念黑暗就時時都是鬼。這個心，一念的善，就造天堂的因；一念的惡，會結地獄的果。」

　　很久以前，有個用心求菩薩道的人，名叫持國。他掙脫了世俗間種種名利煩惱，獨自在深山中修行了四百二十多萬年。如今，他修行已滿，走出森林，來到人間。

　　持國走啊走，來到了沙竭國境。他看到街上滿是行人，人們忙著各自的事情，但是這麼大的沙竭國竟然連一間佛寺也沒有。

　　持國來到一家陶器舖前，被精緻美觀的陶器吸引，便停下來觀賞。

　　「這位顧客，要買陶器嗎？」一聲清脆的嗓音在他耳邊響起。

　　持國抬頭一看，只見一個美女站在眼前，忙回答：「多謝老闆，我只是看看，不過這陶器真不錯呀！」

　　「買幾個回家用吧！」女人笑得像朵花似的。

　　「我家很遠，帶著陶器走路不方便，還是不買了。」持國說完便準備離去。

　　「不買也行，你就拿一個去玩玩吧！」那女子竟然擋住了去路，怎麼也不讓持國離開。

　　「我怎麼能白要這麼好的東西？」持國說。

　　「放心！我不要你的錢。」說著，那女子塞給他一個精美的陶罐。

301

「這怎麼行？」持國一看，那陶罐可是其中最值錢的，連忙拒絕。

「只要你喜歡，我什麼都捨得給你。」 說著，女子將門關上，轉過身來，臉上的笑意更加甜美。

持國看外面天陰了下來，著急地說：「我還要趕路，妳不能強留我這個修行人呀！」

「你說的修行人是什麼？我只知道你是美男子。」美女拉住持國的衣服將他往室內拖。

「不行！我已經受戒四百多萬年了，我不能破戒！我是行善求佛的人，哪能做這樣的事？」持國緊抱著屋柱不放。

女子被拒絕後，惱羞成怒，開始大聲哭泣，後來竟然在持國面前脫光自己的衣服，想用美妙動人的身體誘惑他。誰知持國依然抱著屋柱，不看女子一眼。

持國天王。

「你算什麼行善求佛之人！」女子瘋狂地叫著：「我要自虐至死！讓你做個見死不救的求佛之人！」說完，就在身上亂抓，抓出道道血痕。她還嫌不夠，又抓起一個陶器摔在地上，撿起鋒利的陶器碎片在身上亂割。

女子不停地哀叫，持國被逼得走投無路，決定破戒救人，

他放開屋柱，長嘆一聲說：「別折磨自己了，我答應了就是。」

那女子聽了立刻丟下碎片，破涕為笑，轉而抱住持國。

「等等！待我向佛許了願，就跟妳到室內去。」

持國說完，離開那女子七步，對天許願：「尊貴的佛陀啊！今天我不忍見死不救，只得破戒救人，滿足這女子的願望。下輩子我甘願到地獄去受苦，希望佛陀慈悲憐憫我！」

三個月後，那女子再也不以死相逼了。可是持國卻因違反了教規，又苦修了十二年。

十二年後，持國壽終升到梵天之上，遇見了同樣升到梵天中的女子。

佛陀感嘆說：「那苦苦修行、破戒救人的持國，正是我的前生，而那女子就是瞿夷佛的前生啊！」

🪷 小知識

持國天王，梵名「提多羅吒」（有慈悲為懷，保護眾生的意義），佛教護法天神，二十四諸天之一，住須彌山白銀埵，身為白色，穿甲冑，負責守護東勝神洲。持國天王主樂神，通常手持琵琶，以音樂感懷眾生令世人皈依佛教。

護持佛法

「佈施何物？佈施卻二性。所謂善惡性，有無性，愛憎性，空不空性，定不定性，淨不淨性，一切悉皆施卻。」人生在世，總有需要被幫助的時候，有佛的感化，才成就了後來的佛。

薄佑國有個叫毗琉璃的和尚，他把全部的精神都投入到佛法上。但他的國家求佛環境並不好，佛寺裡的和尚表裡不一，不僅損壞佛規，還踐踏佛法。這些佛門墮落弟子胡作非為，令百姓對佛法十分失望，漸漸地，佛法在這個國家幾乎消失了。

毗琉璃不願看到佛法墮落，他離開了妻子、兒女，一個人到深山中隱居修行，意圖弘揚佛法。

在山間修行的日子，他每天渴了便喝山間泉水，餓了便吃樹上的野果，修行過程異常艱難。

一次，毗琉璃實在無法承受了，不禁仰天哀嘆：「我生不逢時，遇不到佛陀，遇不到好菩薩，我應該如何是好？」

誰知這哀嘆竟感動了天神，天神來到凡間，對毗琉璃說：「賢明的人，你去尋覓明度無極聖典，好好吟誦，貫穿經意，誠心奉行，一定會成佛！」

「那我應該到哪裡求得這至尊的佛法呢？」

「你朝著正東方走吧！不要懼怕困難，你一定能找到明度無極聖典。」

在天神的指引下，毗琉璃開始了尋覓佛經的艱苦之旅。他始終懷著

決心，日以繼夜地趕路，走到雙腳脹痛仍不停止，就算不知前面還有多遠旅程，仍盡力往前走。

毗琉璃對佛法的執著感動了佛陀，佛陀飛到毗琉璃的頭上幾重天的地方，與他一同前行，每天為毗琉璃講經論道。

佛陀讚賞毗琉璃的善行：「你真的是一片誠意啊！像你這樣的人現在已經不多了。你從這持續東行兩萬里，便到了健陀越國，那裡住著許多菩薩。其中位名叫法來，他聖德高超，知曉各種經典，那本明度無極聖典，他一定會吟誦。」語畢，佛陀便消失不見了。

得到佛陀的點撥，毗琉璃更加堅定求經的決心。最終，他克服萬難，找到了健陀越國。

此刻，毗琉璃的心中無比激動，但他仍然沒有忘記佛陀與天神的幫助，他望著天空，大聲地說道：「佛陀啊！感謝您無處不在的愛憐！」

小知識

增長天王，佛教護法天神，二十四諸天之一，為四大天王中的南方天王。梵語名字為「毗琉璃」，意譯為「增長」，有令眾生增長善根，護持佛法的意思。增長天王總是手持寶劍，身青色，穿甲冑。

增長天王。

參透世間百相

> 「透視一切變化的結果都是『空』，就不會罣礙任何事物。」只有心中充滿人生感悟，才能看透世間百相。

　　古印度時期，摩伽陀國有位國王十分尊崇佛法，專門在王舍城建了精舍，供佛陀及弟子們居住。

　　一天，國王滿面倦容的找到佛陀，整個人彷彿忽然之間衰老了許多。

　　佛陀關切地問：「最近有什麼煩惱的事情嗎？」

　　國王嘆道：「國家每天都有忙不完的事情，實在令人煩惱。」

　　佛陀請國王安坐下來，然後開始緩解國王的困擾：「你專注地聽我講話時，假使有人前來報告有一座大山即將倒塌，接下來又跑來很多人稟告同樣事情，你難道會說：『等我將國事全部處理完，再去處理嗎？』或者你要立即停下來思考解決的辦法，讓大山不要倒下來？」

　　國王不解佛陀的用意，但臉色變得很緊張：「佛陀，這樣的事情並不是人力能夠控制的。」

　　佛陀繼續對國王說：「你先別緊張，你應該考慮自己身體日漸衰老，這是接近死亡的徵兆，人生無常，假使每天你都這樣緊張忙碌，世間還有什麼事情能夠讓你自在、快樂？」

　　聽完佛陀這一番話，國王慢慢放鬆了心情，開始嘗試著回憶往事。

　　過了一會兒，國王微笑著告訴佛陀：「佛陀，當我親手向窮苦百姓

佈施，看到百姓接到物品時臉上的感恩神情，這些令我很開心。除此之外，我在您這裡聽法，也是感覺自在的時刻。」

佛陀說：「就是這樣的，心境愉悅或煩惱、生活忙碌或輕鬆，都是你自己選擇的。國家大事雖然重要，但是您也需要好好調理日常生活的作息。剛才我提到假如有大山將要倒塌，你的心情就會緊張，但當你回想起佈施恩德的時候，又會感到輕鬆，

廣目天王。

這都是你自己的內心控制的呀！」語畢，佛陀又傳授了國王一種神通，使國王能夠看破世俗萬物和世間百相。

佛陀繼續對國王說：「雖然你有了天眼，但天眼的能力仍然需要自己修行證悟，你只有感悟深刻，才能開啟天眼的神通。」

後來，國王更加勤於國政，並更加刻苦地研習佛法，同時也適當地休息，最終國王證得了天眼神通，因此成就為廣目天王，列入佛位。

廣目天王，佛教護法天神，二十四諸天之一，為四大天王中的西方天王，梵名為「毗留博叉」。佛教中，「廣目」意為以淨天眼隨時觀察三千大千世界，護持眾生。袍形象多為左手持矟，右手執赤索。

保寧寺水陸畫——四大天王。

頓悟成佛

佛菩薩雖修六度萬行，廣做佛事，但視同夢幻，心無住著，遠離諸相；滅渡無量、無數、無邊眾生，實無眾生得滅渡者；無修而修，修即無修，終日度生，終日無度。

　　毀滅之神濕婆出世時，就像一團熊熊燃燒的怒火，從大梵天的額頭噴湧而出。他的身上聚集了所有天神的破壞之力，因此成為最威嚴、最可怕的天神。

　　他的面貌陰森恐怖，讓人一看就有不寒而慄的感覺；他的性格孤僻，獨自居住在喜馬拉雅山北方最為荒涼的地方。

　　濕婆掌管著世間野獸，因此也被人們稱為「獸主」。他經常身披獸皮，手拿黑色的弓箭，以稀奇古怪的獵人面貌示人，遊蕩在深山野嶺之間。他的弓箭威力無比，可怕異常，能傳播疾病、製造死亡。在這位獸主面前，所有的生靈都會卑躬屈膝，絕對服從。

大自在天的原型——濕婆。

做為佛教二十四諸天之一的大自在天，其原型就是印度教神話中的濕婆。

相傳，他住在色界之頂，是一位能統領三千大千世界的神。因他在三千界中得大自在，故又稱「大自在天」。

大自在天具有極大法力，他最大的力量來自頭上的第三隻眼睛。這第三隻眼不僅能看透人世萬物，還能噴出神火燒毀一切，甚至能夠主宰人間的悲喜榮辱。這樣神力非凡的眼，令大自在天本身的修行也變得與眾不同。

起初，尚未修道成佛的大自在天並不具有慈悲心腸，他憑仗自己的神眼四處作惡，以強壓弱。而且大自在天本領無邊，沒有人能制止他的惡行，百姓們只好忍氣吞聲，對他唯唯諾諾。

後來，大自在天的事情被佛祖知道了，佛祖化身為一個孤弱老人找到了他。

大自在天見到一個瘦弱的老人竟然不畏懼自己，還正朝自己一步一步緩緩走來，覺得很是有趣，同時又感到憤怒。

老人走到大自在天面前，托著一個飯缽，不卑不亢言語溫和地說道：「好心人給點吃的吧！」

大自在天聞言不禁冷哼一聲，呵斥道：「好心人？你不知道我是誰嗎？」

老人並不畏懼，稍微直起了腰身，溫和地回答：「我當然知道您是神通廣大的大自在天。但是身為強者，自然要承擔起強者的義務。這個世界本是有序的，弱不勝強，強者本身已經具有得天獨厚的優勢了，為何不能幫助一下那些沒被上天眷顧的弱者呢？」

大自在天聽到老人的話，內心有所觸動。雖然平日裡他以強欺弱，也看慣了別人對他力量的畏懼，但第一次聽到有人這樣形容自己的力量，忽然有一種宏大慈悲的感覺。

　　老人見到大自在天似有頓悟，便繼續說道：「我們的確畏懼你的神力，但也崇拜你的神力，這是我們無法擁有的。你有這樣得天獨厚的優勢，想必老天賜予你神通，也有更重要、更有意義的事情需要你完成，這些是我們所遠遠不及的，但只有你才能夠做到啊！」

　　大自在天聽到這裡，彷彿找到了自己存在的價值，竟忍不住兩眼飽含淚光，感謝老人的恩德。

　　老人見此，化回原身。

　　大自在天更加驚訝，原來眼前的老人竟然是聖德無比的佛祖，他當即跪拜佛祖，請求他收自己為弟子。

小知識

　　大自在天，是毀滅之神與創生之神，又是苦行與舞蹈之神，有五個頭，三隻眼，四隻手，分別持三股叉、神螺、水罐、鼓等器物，渾身塗灰，頸上繞著蛇，騎乘大白牛。

天女的示現

「覺悟世間無常。國土危脆。四大苦空。五陰無我。生滅變異。虛偽無主。心是惡源。形為罪藪。如是觀察。漸離生死。」在生死之間，只有徹悟才能找到真正的解脫。

摩竭國有一座風景秀麗的觀園。

一天，一男一女前來燒香拜佛。男子英俊瀟灑，是城中重臣之子，名叫畏間；女子美麗動人，喚做妙音。

才子佳人，總是相互吸引，兩人在拜佛期間總忍不住偷看對方。

妙音天女。

突然，妙音四肢僵硬，癱倒在地。畏間被突如其來的狀況嚇壞了，立即跑過去，發現妙音已經一動都不動了。

畏間不知所措地看著躺在地上的妙音，方才的妙齡少女此時臉色發黑，眼睛、嘴角、鼻孔、耳朵都開始流出黑色的膿血，散發出惡臭令人難以忍受。

妙音的美麗彷彿成了一場夢，轉瞬變成腐爛的女屍。

畏間除了恐懼以外，不由得

感到陣陣噁心，嚇得拔腿就跑。

就在畏間剛要逃跑的時候，身邊的樹木說起話來：「這女子死得真可憐！紅顏薄命，如此年華，如此美貌，卻要不明不白的被丟在這裡，孤苦伶仃。」

另外一棵樹說：「這位先生，難道你只貪圖她生前的美麗，不管她死後的悽慘嗎？」

畏間停住雙腳，驚奇地盯著大樹，心中疑惑：為何大樹能夠講話？轉瞬之間他又想到大樹說的話，感到十分羞愧，立刻返回妙音身旁，脫下身上的外套，將已經腐爛發臭的屍體裹住，抱到樹林中安葬。

安葬好妙音的屍體，畏間沮喪地走著。沒走幾步，畏間看見半空中閃現出萬丈佛光，將整個天空照的通亮。

帝釋天在佛光的襯托下威儀萬方，神采奕奕。

畏間見到真佛，心中異常興奮，方才的沮喪也被擱置腦後。

為了確定不是在做夢，畏間用力揉了揉眼睛，但他再睜開眼睛，令他更吃驚的事情發生了，帝釋天竟然釋放著五彩祥瑞，站在他面前。

「年輕人，恭喜你！你年紀輕輕就有福報看到佛陀的法相，一定是做了善事。」帝釋天對畏間稱讚道。

畏間聽了這話，恭敬地回答：「您真是救苦救難。我如此惆悵，請您給我指條光明大道吧！」

「年輕人，不要發愁，有什麼事你都可以與佛陀說，請隨我來。」

於是，他們一起來到佛陀居住的精舍，帝釋天變出一朵花，交給畏間說：「把這花獻給佛陀，有什麼話儘管對佛陀說。」

畏間依照帝釋天的指示將花放在佛陀腳上，恭敬地跪在地上說：「佛

陀啊！我要告訴您一件事。今天有個女孩邀我到觀園遊玩，但後來她卻莫名其妙地死去了，她七竅流血，皮腐肉爛，我被這種場景嚇壞了，現在還不知所措。」

佛陀剛要開口講話，恰好從外面走來了兩個年輕的女子。

畏間驚訝得不能言語，因為其中一個女子正是那死去的妙音！

兩個女子拜完佛後走了出去，此時，畏間轉頭一看，佛陀和帝釋天都不見了，面前只站著妙音。

原來，妙音正是天女。

妙音天女問：「你從今天的事情中知道了些什麼？」

頓時，畏間心中覺悟了，他立刻回答道：「美麗不過一瞬，人會衰老死亡。沒必要著迷於女子美麗的容貌，就連與她之間的快樂都是瞬息的幻想，只有佛才是我永生的依靠。」

妙音天女心滿意足地露出了笑容，隨後便消失了。

畏間明白，這些都是妙音天女為了教化他而示現的。從此以後，他精進求道，專心修行，後來成了德光耀菩薩。

小知識

妙音天女，傳統上被認為是主神梵天的妻子，因其聰明而有辯才，又稱辯才天、美音天、妙音天，為主智慧、福德之天神，若供養此天則可得福與智慧。

值得注意的是，妙音天女是印度教與佛教共通的一位本尊。印度教所尊的妙音天女形象，與佛教所修的妙音天女幾乎完全相同，唯一的細微分別在於外道把她的琵琶頂飾畫為向外勾，而佛教則繪為向內勾。

出家的功德

「直爾少慾，尚宜修習，何況少欲能生諸功德。少慾之人，則無諂曲以求人意，亦不復為諸根所牽。行少慾者，心則坦然，無所憂畏，觸事有餘，常無不足。有少慾者，則有涅槃。」慾望正如蒙在心上的落葉，只有撿走心中的落葉，才能澄明的看見這個世界。

大功德天，即吉祥天母，梵文音譯為「摩訶室利」，「摩訶」意為「大」，「室利」有二義：功德和吉祥，合起來就是大功德或大吉祥。

相傳，吉祥天母是古印度婆羅門教濕婆大神的女兒，她生得貌美如花，性情淫蕩，擁有一百零一個情人，終日淫亂不止。

她的父親為此十分生氣，為了幫助女兒改邪歸正，將她鎖起來關在狗窩裡悔過。

吉祥天母的母親眼見女兒受苦，非常心疼，就趁著半夜時分將她放了出來。此時月黑風高，一個女孩子家何以逃生？母親情急之下，顧不得許多，從牲畜棚裡牽出一匹黃色騾子，讓女兒騎著逃命。

可是，當騾子馱著吉祥天母逃跑時，蹄聲驚動了她的父親。父親起身騎上駿馬在後面追趕，眼看著就要追上她了。這時，父親彎弓搭箭，射向逃跑的女兒。不料夜色朦朧，這一箭沒有射中女兒，卻射中了騾子的屁股。令人稱奇的是，箭傷處沒有流血，反而幻化成一隻天眼。

於是，騾子馱著吉祥天母逃之夭夭，父親再也無法追趕上她。

父親很惱火，只好暗暗祈禱，希望上天賜予女兒最醜陋的容顏。

大功德天唐卡。

父親的祈禱果然奏效，隨著時光推移，吉祥天母竟然越來越醜，最終成為一個醜陋無比、難以見人的女人。

吉祥天母心情悲痛，無奈之下流浪到了東海，並與一個叫羅剎的魔鬼結婚。由於沒有生活來源，他們只好以吃人維生，並養育下一對女兒。

吃人的事情傳揚很快，觀音菩薩得知後，非常憤怒，專門趕到東海警告吉祥天母，如果她繼續作惡，會遭到大難。要想改邪歸正，脫離苦海，她必須殺掉羅剎。為此，觀音菩薩賜予她一把寶劍，並限期一百零一天。

吉祥天母接受觀音菩薩勸誡，想盡辦法殺掉羅剎，卻始終不得下手。最後一天的夜裡，她看到月色之下，羅剎依然睜著一隻眼，於是就將月亮摘下來吞進肚子裡。這時，周圍一團漆黑，羅剎睜著的眼睛什麼也看不到了，終被吉祥天母所殺。

殺掉羅剎之後，吉祥天母立刻離開住處，準備尋找新的生機。就在她不斷前行時，忽然聽到身後傳來腳步聲，她回頭一看，原來是兩個女

兒。此時的吉祥天母，已有了消除魔鬼的信念，想到女兒們長大後也要禍害人間，就一劍一個砍下她們的頭顱。

然而，無頭女兒們的身體依然追隨母親，不肯離開半步。吉祥天母母性大發，停下腳步為她們砍下鱷魚和海獅的頭，安在她們的身體上，並帶領她們一起走了。

後來，吉祥天母修行成神，由於她身帶魔鬼，所以觀音菩薩就派她每年除夕之時出門制止惡行。誰要是做惡事，就放出魔鬼吃掉他。

除了懲惡揚善之外，吉祥天母還會帶領眾弟子一起修行。

一天，吉祥天母與眾弟子抵達屍羅城的城門口時，她的面容卻忽然陰沉起來，顯得十分哀傷。

弟子們見到吉祥天母愁容滿面，都隨著吉祥天母悶聲前行，誰也不敢出聲。走了一大段路以後，突然一隻烏鴉迎面飛來，吉祥天母望著烏鴉先是搖搖頭，接著又笑了起來。

弟子們見吉祥天母一會兒皺眉，一會兒又笑，不禁感到奇怪，於是趨前詢問。

吉祥天母停下腳步回答：「我們剛到城門時，我看到了一個鬼孩子，那個孩子十分可憐，哭著對我訴說著自己的飢餓和遭遇。他的母親進到城裡為它尋找食物，可是一去五百年都沒有回來。如今孩子飢餓至極，處境十分艱難，恐怕活不下去了，它想讓我進城替它尋找母親，希望她能趕回來見自己一面，更希望母親能夠找到食物。」

無法見到鬼的眾弟子聽吉祥天母如此說，都驚異不已，吉祥天母停頓了一下，繼續說：「在我們剛到城裡時，我見到了它的母親，於是我就把孩子的境況都告訴她了。而鬼母卻十分無助，她對我說：『我進城

已經五百年了，卻沒能找到一個人的鼻涕和唾液來當作食物。因為我剛生過孩子，身體很虛弱。即使偶爾得到一點點唾液，又被其他的鬼給奪去了。今天正好碰到一個人，得到了一點唾液，正準備帶出城跟我的兒子一起分吃。可是在城門下有一群身高力壯的鬼神，我很畏懼它們，怕它們把我的唾液給搶走。如果被它們搶走了，那我和我的孩子就都沒有救了。我現在唯一的希望是吉祥天母您能把我帶出城去，好讓我們母子團圓，一起分享食物。』」

吉祥天母又問鬼母：「妳在世上生活多久了？」

鬼母回答：「我已見過這座城池七次繁榮、七次衰敗了！」

吉祥天母嘆了口氣，說道：「鬼母的話，令我忍不住悲嘆起生死輪迴所受到苦楚和折磨，是那樣的無休無止，想到這些，我就為眾生感到沉重與悲傷，這便是我哀愁的原因。」

「老師！」一位學生疑惑道：「但在您見到烏鴉的時候，為什麼又笑了呢？」

吉祥天母沉思了一下，然後為弟子們講了一個自己的故事：「在經歷了九十一次的生死輪迴後，曾有一世我出生在一個富貴長者的家裡，並且想要出家修行。因為我知道，只要那時出家修行一定能修得羅漢果位。可是，我父母卻不肯成全我的意願，強行為我娶妻，迫使我成家，試圖留住我的心。娶了妻子怎麼出家修行呢？但即使是這樣，我出家的願望並沒有因此而打消。成家之後過了一段時間，我又向父母提出要出家的請求。」

「如果你要出家，就必須給我們生一個孫子，否則我們不會允許的！」吉祥天母的前世父母如此說。

「父母見我的態度十分堅決，於是提出這個心願。我沒有辦法，只好遵從父母之命，為他們生下一個孫子。孩子一晃眼長到了六歲，很快已經通曉了事理。這時，我又提出了出家的請求，而且特別堅決。父母心知無法繼續挽留我，因此便在我要離開的時候，讓我的兒子抱住我的腿，哭鬧著說：『你是我的父親，你不能拋棄我，如果你想要拋棄我，那麼你就殺了我吧！殺我之後，你就可以安心走了。』」

吉祥天母感嘆地說：「當時，我初為人父，對兒子確實產生了愛憐之心。於是我就對我的兒子說，我不出家了。不過卻因為這個緣故，我們父子經歷了九十一劫的生死輪迴，都沒有相見。」

吉祥天母看了看天空，又說：「剛才那隻烏鴉竟然是我過去世的兒子。我可憐他的愚昧無知，處在六道輪迴，我是因無奈才笑啊！」

弟子們這才明白：「原來出家是很難得的大功德。」

吉祥天母繼續對弟子們說：「有智慧的人，如果看見有人想要出家尋求苦難的解脫，是應該鼓勵他的，而不是強行留他在世俗間。阻礙別人出家的人，最終會令自己處於惡道中受苦難折磨的。」

小知識

吉祥天母，是古印度神話中的人物，一說是天神和仇敵阿修羅攪動乳海時誕生的。後來婆羅門教和印度教把她塑造成女神，為她取名「功德天女」（又稱吉祥天女），說她是毗濕奴的妃子，財神毗沙門之妹，主司命運和財富。後來，她成了佛教的重要護法神。

曇花一現，只為韋陀

「眾生念念在虛妄之相上分別執著，故名曰妄念，言其逐於妄相而起念也；或難知是假，任復念念不停，使虛妄相於心紛擾，故名曰妄念，言其虛妄之相隨念而起也。」曇花再美，也敵不過韋陀的無意，花開花落，尋一個有心人而已。

　　曇花，又被稱為韋馱花，這名字的由來，要從一個美好的愛情故事說起：

　　曇花的花期十分短暫，只會在黎明朝露初凝的片刻綻放，轉瞬即逝，卻美得驚心動魄。相傳，曇花原本是一個小花神，四季長開，吸取著日月精華，便越是芬香。但是曇花卻愛上了一個每天為她鋤草、澆水的凡人，仙凡之戀勢必不能被接受，因此，曇花被貶下凡間，一生只能開花一瞬間。

　　那個被曇花苦戀的凡人自然不會知道，有一個花神為了自己竟如此犧牲，只是他看不到每日嬌豔盛開的曇花後心情有些失落。

佛教護法神——韋馱天。

320

後來，這個凡人在一次巧合下受到了佛祖的點化，出家成為了佛門弟子。他在修行上很有成就，很快就證得佛果，成為了佛祖座下的韋馱尊者。韋馱尊者在佛法上取得了成就，卻忘記了前塵往事，忘記了嬌豔盛開的曇花。

然而，被貶下凡間的花神始終忘不了那個照顧自己的年輕小夥子。

曇花獨自生長在深山之間，孤獨淒冷卻再也無人照料自己。可是，正當曇花快要絕望的時候，竟然看到韋馱尊者經過山間，採取春露為佛祖煎茶。

此時正是暮春時分，曇花再次見到韋馱尊者，心中萬分歡喜，彷彿又找到了生存下去的動力。

於是，曇花便開始盼著下一年的暮春時分，因為她知道，那時韋馱尊者又會經過她的身旁，她可以趁著這個機會盛開出最美的樣子，也許韋馱尊者會想起自己。

就這樣，抱著見韋馱尊者一面的想法，曇花開始了自己的等待。

第二年暮春時分，韋馱尊者果然又來到了山間。曇花見到韋馱尊者那刻，如願以償地盛開出了自己最美的樣子，可是，韋馱尊者只是輕輕撫過曇花的花瓣，卻並沒有記起曇花。

春去春來，花開花謝，曇花為了韋馱足足等了一年，可是韋馱仍然沒能記起自己。

曇花一現，只為韋馱！盛開以後，她最終只能帶著遺憾凋零下去。

後來，一個叫聿明氏的人在圓寂前，抓著曇花一同前往佛國。

花神在佛國見到了韋馱，韋馱也終於想起來前世因緣。佛祖知道後，准許韋馱下凡了斷未了的因緣，而聿明氏老人因為違反了天規，死

後既不能駕鶴西遊，也不能入東方佛國淨土，遭受永無輪迴的懲罰。

韋馱天，譯為陰天，袘原本是印度婆羅門教的天神，後來因為在佛陀涅槃以後，有捷疾鬼趁機偷走了一對佛牙舍利，而韋馱天剎那間抓住捷疾鬼，奪回了佛舍利，故被稱為護法菩薩，也因此歸化為佛教的護法天神。

此外，佛教中還有一位護法天神韋天將軍。相傳袘姓韋名琨，屬南方增長天王所率的八大神將之一，又是護法四天王手下三十二神將之首。常有人把袘與韋馱天相混。

種下福田

古印度曾有個國王，年輕的時候，不僅心無信仰，而且脾氣暴躁。

一次機緣下，國王遇見了佛陀，當時，他的形象無比邋遢，蓬頭垢面，滿身塵土。

佛陀見到國王，問道：「國王，您風塵僕僕地要去哪裡？」

國王回答說：「佛陀，在我的國家，有一個智慧且富裕的老人過世了，由於沒有子嗣，龐大的家產無人繼承，因此，老人的遺產必須要納入國庫。所以，我專程趕來清點他的財產。結果太令人驚訝了，老人的黃金有八萬斤，其他的財產還沒算上呢！您能夠想像他的財產到底有多少嗎？」

佛陀嘆道：「真是很可惜！」

國王繼續說：「這位老人在世的時候，一直孤身一人，連奴僕都沒有，他吃住的環境都很糟糕，生活極為艱苦。一個人竟然吝嗇到這個地步，誰也想不到他竟有如此龐大的家產。可是他現在離開了人世，沒有人繼承遺產，他也無法帶走這些家財。智慧的佛陀，請您告訴我，他離開人世究竟到哪裡去了？」

佛陀回答：「他已經墮入啼哭地獄。」

國王聽了，搖頭嘆道：「老人有這麼多的財產，應該是很有福報的，為何死後會墮入啼哭地獄呢？」

佛陀說：「他雖然有很多財產，但都是過去生中所積的福。後來他生了貪念，不肯用自己的錢財幫助別人，無法累積福報，所以才有此報應。」

堅牢地神。

國王又問：「佛陀，難道老人就沒有剩下任何一點福因嗎？明明他有這麼多錢，難道就這樣絲毫也帶不走？」

佛陀指著遠處綠油油的田地說：「農人種田，當田裡的稻子被割完了，如果不繼續播撒種子，這片田地只會荒廢，不會有這般綠色景象。同樣的道理，這位老者雖然一生富有，但是他不曾再造福，自然就沒有福因可帶走。」

國王從老者的人生中參悟了因果報應，良久望著遠處綠油油的大地，之後，他恭敬地跪在地上，對佛陀說：「尊敬的佛陀，請您以智慧開化我的愚昧，令我能擺脫世間的牽絆。」

佛陀點頭應允。

後來，這位國王便跟隨著佛陀終日禮佛修法，最終成就為堅牢地神。

　　堅牢地神，梵文為「比裡底毗」，意為堅牢如大地；故名堅牢地神，又名「地天」。祂的職責是保護大地及地上一切植物免受災害。近代其造像為一女神形象，左手持盛滿鮮花的缽或穀穗，所以又稱大地神女。

遮風擋雨的善果

「菩提本無樹，明鏡亦非臺，本來無一物，何處惹塵埃。」種善得善，這是永恆不變的道義。

菩提樹神。

佛陀原本是古印度北部的迦毗羅衛王國（今尼泊爾境內）的王子，在他年輕時，就致力於擺脫生、老、病、死的輪迴之苦，以求解救眾生。後來，他毅然放棄了舒適的王族生活，選擇了出家修行，以探求人生的真諦。

在多年的修行中，佛陀終於在菩提樹下戰勝了邪惡誘惑，成就了自我，悟得三明與四諦，獲得大徹大悟。

因佛陀與菩提樹的因緣，佛教徒始終視菩提樹為聖樹。

但如果說起對菩提樹的崇拜，則要從很久以前的一個故事說起——

當時，在恆河岸邊有一棵高約百丈、枝葉嫩綠、四季常青的畢波羅樹。此樹冬日擋風，夏日遮陽，往來行人時常會在樹下休息。

在佛陀出家以後，因在畢波羅樹下的菩提金剛蓮花寶座上苦苦修練，證悟成佛，於是此樹就更名為「菩提樹」。

雖然這棵菩提樹既不會講話，也無法走路，但它卻極具靈氣。每年在佛陀涅槃的日子，樹上的葉子都會因此脫落，連枝條上都會浙浙瀝瀝地掉下水珠，彷彿落淚。漸漸地，菩提樹的故事傳遍四方，許多比丘文人都慕名從四面八方趕到這裡祭祀。人們在樹下奏樂、跳舞，獻花上供，焚香叩首，誦經唸卷，終日不停。

久而久之，開始有人用香水清洗樹身，用乳汁澆灌樹根。在人們的呵護下，樹葉到第二天又會重新長出，甚至更加濃密茂盛。

後來，阿育王登上了王位。這位新國王毫無仁愛之心，不僅施加暴政，更踐踏佛法。他下令將全國有關佛陀的遺跡悉數燒毀，當然，這最受佛門崇拜的菩提樹也成了眾矢之的。

阿育王心想，要滅佛，就必須先砍倒這有靈氣的菩提樹。於是，他親自領兵，浩浩蕩蕩地前來伐樹。

士兵們舉起利斧，輪流上前砍伐菩提樹，砍了整整大半天，才將菩提樹砍倒。夜裡，阿育王下令燃起大火，

悉達多太子夜半踰城圖。

飲酒慶賀。不料第二天清早，原本已經空蕩蕩的樹墩上重新長出了兩棵大樹。微風拂過，樹葉啪啪作響，這令阿育王憤怒不已，彷彿遭到了菩提樹的嘲笑。於是，他又下令命士兵再次將菩提樹砍倒，這一次將樹根都挖了出來，然後又將樹根、樹幹、樹枝用大火燒成灰燼。

佛門弟子無法靠前，只能眼睜睜地看著菩提樹被毀，心如刀割。但奇蹟再一次發生了，誰也沒想到竟然從火堆中又重新長出了兩棵菩提樹，在熊熊烈火裡，樹幹像玉石一樣潔白，葉子像翡翠一樣碧綠，而且還散發出醉人的香氣。

香氣芬芳四溢，令人心醉，甚至感染了阿育王和那些將士，每個人都覺得心情十分舒暢。

大火漸漸熄滅，菩提樹也隨之長高。

菩提樹的神奇是阿育王親眼所見，他也因此見識了佛陀的神力，這令他心裡內疚萬分，遂決心改過自新，棄惡從善，誠心誠意供奉佛陀和神樹。

於是，阿育王在樹下擺上了香案，不僅每年親自焚香供奉神樹，還修建了廟宇，請了好多高僧在樹下講佛說法。而阿育王從此以後也變得醉心佛法，經常一連十幾天都留在菩提樹旁。

王妃得知阿育王因菩提樹荒廢朝政，就暗中派人將菩提樹砍倒了。

第二天清晨，阿育王發現菩提樹又被人砍倒了，異常憤怒，立刻下令追查兇手，但轉念一想，自己不也曾經砍過這棵樹嗎？雖然自己信了佛，但仍然有人不信佛，那些尚沒有醒覺的人，並不知道佛的神通，這不能夠怪罪他們，只有讓菩提樹再次復活，才能啟發他們悔悟。

想到這裡，阿有王和眾比丘懷著虔誠的心意，跪在樹前祈禱，請樹

神再次顯靈。同時，又命人抬來一百桶乳汁澆灌在樹根上。

　　很快，樹墩上抽出了新芽，到了太陽落山時，又長成了兩棵參天大樹。

　　後來，菩提樹有了神識，修練成了菩提樹神，庇佑一方。

小知識

　　菩提樹神，即守護菩提樹的天神，因佛陀在菩提樹下成佛，菩提樹因此成了佛教的聖樹。在中國寺院中，菩提樹神的造像通常為手持帶葉樹枝的古裝妃子像。

毒誓下的母愛

「人生在世如身處荊棘之中，心不動，人不妄動，不動則不傷；如心動則人妄動，傷其身痛其骨，於是體會到世間諸般痛苦。」但也有人將自己的痛苦凌駕於別人之上，這最終只能被反其道懲治。

在古印度城中，有一位獨覺佛降臨塵世，人們歡欣鼓舞，紛紛奔相走告，決定舉辦一場慶賀盛宴。

人們發現城外有一個懷孕的牧牛女，就要求她在宴會上跳舞，以象徵獨覺佛的降生。美麗的女孩當然不肯，她用手小心翼翼地護著隆起的腹部，流著眼淚乞求人們不要這樣對她。

可是，人們被喜悅沖昏了頭，只想博佛陀歡心，仍強行命令牧牛女跳舞。

牧牛女堅決不從，人們就把她驅趕進城，又威脅她若不服從，就殺掉她的牛。牧牛女無可奈何，只好一邊流淚，一邊跳起舞來。

一曲還未跳完，牧牛女就感覺小腹墜脹，隨即胎兒墜地死亡。牧牛女放聲大哭，圍觀的人們覺得晦氣，就迅速四散而去。

此時，唯有獨覺佛的法身留在牧牛女身邊。牧牛女用憤恨的目光瞪著獨覺佛，咬牙發出悲鳴：「來世我一定要吃光這裡所有人的孩子！」說完，她灑下兩行血淚，含恨撞牆而死。

牧牛女的靈魂投胎成為藥叉女（藥叉，又名夜叉），她成年後與藥叉國王子結婚，生下了五百個兒子。她時刻不忘自己的誓言，一到晚上

就去抓百姓的孩子，然後吃掉。

　　王舍城裡的人們很快發現失蹤的孩子越來越多，不由得恐慌起來，以為有惡鬼作祟，就想舉行活動請佛陀來救助眾生。

　　藥叉女聽說城裡又有活動，不堪回首的往事頓時又浮現在眼前，她狂叫起來，也不管當時還是白天，就化為魔鬼的模樣飛到空中，見到孩子就抓，一時間，魔鬼的叫聲、孩子的哭鬧聲響徹天際，嚇得人們紛紛癱倒在地。

　　佛陀攔住藥叉女，勸阻她說：「妳罷手吧，我可以讓被妳吃掉的孩子復活，只要妳改邪歸正，妳還可以坐化成佛，從此擺脫無量劫難。」

　　藥叉女卻啐了佛陀一口，瞪著通紅的眼睛，怒吼道：「你不是我，你怎麼知道我的痛苦！我食人子你要阻攔我，你為何不阻攔那些當初奪我孩子性命的人！」

　　說罷，藥叉女憤怒離去。

　　佛祖見藥叉女執迷不悟，就施神力，將她的五百個兒子藏匿起來。

　　當藥叉女發現自己的孩子們不見了，立刻四處尋找，她從天界找到地獄都沒有找到。

　　悲痛之際，藥叉女遇見了多開

鬼子母。

天，多開天建議她去向佛陀尋求幫助。

有了指引，藥叉女心情稍微好過一點，立即趕往佛陀居住的地方。

當藥叉女再次看到佛陀時，佛陀渾身散發出來的懾人光芒讓她大吃一驚，心靈彷彿突然受到洗滌，她向佛陀恭恭敬敬地禮拜，懇求道：「佛陀，我的孩子們被人抓走了，至今下落不明，請您大發慈悲，指示我應如何找回我的孩子。」

「天下父母心，舉世皆同。妳既然知道丟失孩子的痛苦，又為什麼要吃別人的孩子呢？」

藥叉女羞愧地說：「我已經明白自己做了壞事。」

佛陀繼續問：「妳現在也能夠體會到愛別離苦的滋味了？」

藥叉女恭敬地回答：「我的愚蠢已經無法饒恕，但還是請您教導我悔改的辦法。」

佛陀說：「若要痛改前非，妳需要發誓，以妳的神力佈施予王舍城的百姓，如果妳能實踐誓約，我就送還妳的孩子。妳能做到嗎？」

藥叉女連忙叩首：「我今後一定會向城裡的百姓施以恩德，請您讓我見見我的孩子。」

佛陀看到藥叉女誠心悔改，便將藏在缽中的那些孩子釋放了出來。

藥叉女見到失蹤多時的孩子們，喜不自禁，立即請佛陀傳授她三皈五戒，並保證今後不殺生、不偷竊、不邪淫、不妄語、不飲酒，讓全城百姓安居樂業。

但是，藥叉女的飲食問題並沒有解決，於是她向佛陀詢問：「佛陀，我今後絕不再殺生了。可是，我和一群子女要吃什麼呢？」

佛陀說：「我佛門弟子吃飯時，一定會在缽盂裡裝滿食物，當叫你

們的名字時，就可以來吃飯了，但妳今後就要不捨晝夜地守衛我們的精
舍才行。」

藥叉女高興地叩謝道：「我一定盡心盡力地守衛精舍！」

此後，藥叉女便擔負起精舍守衛的重任，王舍城也重新恢復了平
靜。

藥叉女就是二十四諸天之一的鬼子母，被佛法教化後，成為專司護
持兒童的護法神。

小知識

　　鬼子母，又稱為歡喜母、暴惡母或愛子
母，梵文音譯訶利帝母。原為婆羅門教中的惡
神，專吃人間小孩，稱之為「母藥叉」。被佛
法教化後，中國民間常常將她當作送子娘娘供
奉。在佛寺中，造像為漢族中年婦女，身邊圍
繞著一群小孩，手撫或懷抱著一個小孩。

鬼子母與羅剎。

多頭多臂的憤怒

「佛言：夫為道者，如牛負重，行深泥中，疲極不敢左右顧視。出離淤泥，乃可蘇息。沙門當觀情慾，甚於淤泥。直心念道，可免苦矣。」

在古印度有一位能夠自我隱形，消災解難的女神，她正是摩利支天。

摩利支天原本是帝釋天的眷屬，擁有無比神力，能夠長久地在白天行走，但卻沒有人能夠看見她。這種無人能見、無人能知、無人能害、無人能欺的神通，誰也不會想到，竟是她自己證悟得來的法門。

摩利支天。

在她的修行裡，她能夠在遇到一切困難面前保持隱身。隱身之術，也使她能夠輕而易舉地降伏惡魔鬼怪，護持所有的佛弟子。

如果問摩利支天最大的神通是什麼，那就要說到她的多頭多臂了。

摩利支天雖然神通廣大，但她平時並不喜好與其他神佛交流辯論，也不喜歡講道說法，她的修行通常都是她獨自一人完成的。

334

一次，在摩利支天修行靜坐的時候，遇到一個極不恭敬的流氓，這個流氓見到摩利支天色心大起，不僅言語輕佻，甚至動手動腳。

起初，摩利支天並不作聲，容忍著流氓的胡作非為，可是，流氓並不能體會到摩利支天的用心良苦，反而得寸進尺。

摩利支天自然不會與一個凡夫俗子計較，但這時候卻正巧有一個老人經過。

老人見到流氓調戲摩利支天，而摩利支天又一聲不吭，就上前阻止流氓。

流氓看見老人，冷笑兩聲，不僅沒有收斂反而更加放肆，一邊推開老人一邊謾罵著。

在一旁靜靜打坐的摩利支天起初自己受到欺負可以默不作聲忍受，但此時看到為了幫助自己的老人因此被流氓欺負便再也不能容忍了。

她從地上站起來，呵斥流氓，讓他立刻住手。

流氓看著摩利支天面露怒色，越加的放肆，這下子徹底激怒了摩利支天，她化為原身，露出了三頭六臂，嚇得流氓癱軟在地上。

摩利支天三頭六臂的形象著實兇惡，老人也因此嚇得不輕，她恢復原貌，扶著老人寬慰道：「您不用害怕，我不會傷害您的，您幫助了我，會得到福報的！」

好一會兒，老人方才反應過來，原來摩利支天是一位神。

有此際遇，老人也十分開心，對摩利支天恭敬地叩拜以後便離開了。

　　摩利支天，意為光明，所以在藏地被稱為「光明天母」，具有廣大自在神通，唸其名號能速離災厄，誦其咒語能夠隱身免受諸難，尤其受武士階層崇拜供奉，在西藏、日本較有聲望，可謂家喻戶曉。

千光破暗

> 「若信願堅固，臨終一唸十唸，亦決得生。若無信願，縱將名號持之風吹不入，雨打不濕，如銅牆鐵壁相似，亦無得生之理。」

壞事總能在一念之間變成好事，猶如日宮天子的命運一樣。

日宮天子名叫蘇利耶，出生的時候奇醜無比，無手無腳，體寬與身高相等，只能像球一樣滾動。他的兄長密特羅、婆樓那、跋伽議論說：「他不像我們，讓我們把他改造一下。」於是，眾天神把他身上多餘的肉割了下來，將他改造成凡人。

就這樣，太陽神成了人類的始祖，他身上割下的肉變成了大象。

後來，日宮天子成了神明，他的周圍被陽光環繞著，為世人照明，並且自身擁有著強大的能力。從這之後，世界不再被黑暗所包圍。

日宮天子本是印度教裡的三大太陽神之一，有很高權威，後來被毗濕奴取代，毗濕奴成為太陽神，佛教又將日宮天子改造成自己的護法神。

日宮天子失去了一些，同樣也得到了一些。

佛教認為，日宮天子是觀世音的化身，居住在太陽中的宮殿裡。因為居住在太陽之殿，

日宮天子。

能夠普照天下，所以他也擁有著太陽一樣溫暖的心，一心向善，一心向佛。

日宮天子一年之中循環於須彌山腹，遍照天下及四大洲的白晝，他與守護黑夜的月天對應，也由四天王管轄。他的身邊常有二妃陪伴，所以並不孤單。二妃乘七寶莊嚴車駕，以八頭寶馬牽引，摩利支天做嚮導，周圍還有星宿護衛，她們是太陽神的伴侶，也擁有著和太陽神一樣的光芒。

日宮天子長相清秀，穿著高貴又典雅。左右手各持著一支蓮花，乘四馬大車。有的形象中他手捧日輪，騎三至八匹馬。在水陸道場所用的水陸畫（註1）中，日宮天子為頭戴冕旒，雙手捧圭的男性帝王的形象。

日宮天子是二十四天中的十七位，修善奉佛，普渡眾生，用自身擁有的陽光溫暖身處黑暗的的人。他俯視人間，目光如電，明辨善惡。他生於東方，每天總是在歌聲中離開天門，巡行天地，查看世間的人，劃分白天和黑夜。他用甘露治療世人的病痛，為世人解決困難。同時他還是擎天柱，天靠他來支撐，世界也靠他來維持。如果沒有日宮天子，世間將亂成一團。

日宮天子一心向著佛，他希望世人也如他一樣一心向善，分辨黑白。他被人們敬仰，人們向他求財、求福、求壽、求子，他總是能盡最大的能力幫助世人，滿足人們的心願。

日宮天子告誡人們：如若你心存善念，那麼你就會被陽光包圍，你會感受到前所未有的放鬆。但倘若你心存惡意，你將無法安睡，也得不到太陽的照射，在陽光下你無處安身，只能在黑暗中嘗盡孤獨和無助。

註1：水陸畫會是自金朝至元、明、清時期盛行的佛教寺院為超渡亡靈，普濟水陸一切鬼神而舉行的一種重要佛事，是「三教合一」大背景下產生與發展的民俗現象。水陸畫則是水陸法會上供奉的宗教人物畫，內容多為菩薩、明王尊者、天后聖母、四海龍王等。

小知識

在中國佛寺中，日宮天子被塑成中年帝王的模樣，手持蓮花，冠上有一日輪，日輪中常有一烏鴉。

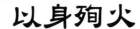

以身殉火

得生與否，全由信願之有無；品位高下，全由持名之深淺。以身殉火，也是一種堅守。

　　月宮天子，又叫月天子、月天、大白光神、野兔形神等，又因月天被視為阿彌陀佛右脅侍大勢至菩薩的化身，故稱為「寶吉祥」、「寶吉祥天」。佛經稱月天身有千光，故又有千光明、涼冷光明等異名，是佛祖座前二十四諸天之一。

　　月宮天子居住於西方的月宮，此月宮並不是服下不死藥，飛天成仙的嫦娥仙子所居住的月宮。月宮天子的月宮是正方形建築，邊長四十九由旬，共有七重垣牆，由七寶組成。這座月宮的大殿之中，有一個大輦，是由青琉璃做成的，大輦高達十六由旬，寬八由旬，做工精細，不是凡間能見的寶物。

　　月宮天子手持半月形的權杖，掌管著人間的冬天，是陰冷之神。祂揮動手中的權杖，便產生一陣陰冷的寒氣，於是冬天到來，人們不得不穿上暖和而厚重的棉衣。

　　相傳，月宮天子尚未得道成仙前，是一隻潔白無瑕的兔子。

　　兔子、狐狸與猿，因讀佛經而相識，便決定在一起修行，並且在修行之時，不忘幫助身邊有困難的動物。

　　起初，身邊的動物嘲笑牠們是異想天開，癡人做夢，成仙只是一個遙不可及的夢，不會出現在這現實生活中。

面對動物們的嘲諷，兔子、狐狸與猿認為修行使牠們得到前所未有的快樂，使自己的靈魂得到了昇華，並不是為了某種目的，才去修行的。如若是為了利益修行，就違背了自己修行的初衷。

　　於是，兔子、狐狸與猿繼續修行，不因外界的言論改變最初的心。

　　修行，讀佛經，參悟其中的道理，幫助身邊需要幫助的動物，日復一日，年復一年。

　　轉眼間，五百年過去了，兔子、狐狸與猿依然修行不倦。

　　有一天，天空萬里無雲，或許這樣的好天氣已經寓意這天的不平凡。

畫中頭戴冕旒、雙手捧圭的兩位王者，即月宮天子和日宮天子。

兔子，狐狸與猿像往常一樣，在森林裡漫步，感受大自然帶來的能量。這時，牠們發現不遠處有一位老爺爺，這位老爺爺並不是凡間之人，他是天上的帝釋天，這次下凡專門來驗證兔子、狐狸與猿修行五百年的道行。

老爺爺對牠們說：「我好多天未進食，請你們給我找些食物來充飢。」狐狸帶回了一些野果，老爺爺看了看，點了點頭，接過來吃進肚子裡；猿找到了玉米，老爺爺同樣也是看了看，點了點頭，接過來吃進肚子裡；兔子卻什麼都沒有找到。

老爺爺說：「兔子啊，兔子啊，你為什麼沒有給我帶吃的呢？我一把老骨頭，餓得全身無力了。」兔子覺得很不忍，心下一狠，讓狐狸與猿找來乾柴點燃，自己投身到火中，想把自己烤熟了給老爺爺充飢。

就在此時，帝釋天恢復真身，看著投身於火中的兔子，感嘆古有佛祖割肉餵鷹，今有兔子捨身為老者充飢。

後來，帝釋天讓兔子靈魂升天，寄於月輪之中，封其為「月宮天子」，又稱「野兔形神」。

小知識

月宮天子的形象本為男性，肉白色臉，手持權杖，上有半月形，乘坐三鵝拉的車。祂還有個月天妃為配偶，也是肉白色臉，手持青蓮花。漢化寺廟中也有將月宮天子視為女性的。

濕婆的變身

生死熾然，苦惱無量；發大乘心，普濟一切，願代眾生，受無量苦，令諸眾生，畢竟大樂。

　　許多劫以前，有位行者證得菩薩果位後，不想誤解上師開示，從而破戒墮落，做了很多殺戮搶盜、狂蕩無忌的事情，造下種種罪業，結果轉世投生到畜生、餓鬼道，輪迴多次，墮入地獄輾轉受苦。

　　到了燃燈佛末世，這位行者投生為一個惡魔，長得三頭六臂，四足兩翅，十分兇惡。牠出生第九天，母親就死去了。之後，世間疾病、疾苦、天災、戰亂不息。為此，大眾認為牠是邪惡的化身，就把牠和牠母親的遺體一起扔到墳場，希望牠一塊兒死去。

　　不料，這個惡魔不但沒有死去，反而吸吮母親的乳汁，啃食母親的肉體，啜飲母親的血液，漸漸成長起來。牠吃墳場中的腐肉長大，成為一個真正的嗜血惡魔，獠牙外露，以人皮為衣，虎皮做裙，腰繫蛇帶，常常左手拿頭顱為器，盛滿鮮血而飲。牠還有了一根三股叉，動

大黑天。

343

不動大逞威風，厮殺無辜，以飽肚腹。

惡魔嚴重威嚇著眾生生命，等牠越來越強壯的時候，更加窮兇極惡，口裡能呼出一種氣息，可以傳染百病；眼睛、耳朵常常流出各種病菌，貽害眾生。眾生躲之唯恐不及，稱牠為馬張汝渣，意思是「極端我執之轉世」。

很快，惡魔征服了世間羅剎、龍族、阿修羅、乾達婆、藥叉及諸天等。這些眾生臣服於牠後，與牠共行惡業，殺盜淫妄，獵殺禽獸，食人之肉，無惡不作。

這時，金剛薩埵佛和金剛手菩薩以極慈悲之心觀照三界，瞭解惡魔所為，決心降伏惡魔，拯救眾生，化解危機。於是，祂們顯化為馬頭明王和金剛亥母，即觀音和綠度母的忿怒身，經過尋找追蹤，祂們找到了汝渣，雙方展開一番驚天動地的惡鬥。

最終，汝渣和牠的妻子托得梭利都被降伏，在馬頭明王和金剛亥母悲心照射下，牠大徹大悟，發願護持佛法。馬頭明王於是將普巴金剛插在牠的胸膛前，赦除牠的一切罪業，再為牠灌頂，轉化牠成大護法，為其密名「瑪哈嘎拉大黑天金剛。」

從此，汝渣所穿戴的服飾、器仗，成為佛法勝利的表現物品，因此密乘教法中金剛的憤怒相及裝飾身體的器物，都是從此而來的。

🌸 小知識

大黑天本是婆羅門教濕婆（即大自在天）的化身，後為佛教吸收而成為佛教的護法神，特別是在密宗中大黑天是重要的護法神，是專治疾病之醫神與財富之神。

陰間的審判者

「梵音閻魔，義翻為平等王，此司典生死罪福之業，主守地獄八熱、八寒以及眷屬諸小獄等，役使鬼卒於五趣中，追報罪人，捶拷治罰，決斷善惡，更無休息。」做為掌管人生死的審判者，更重要的是維持人間的秩序。

一天，十首魔王羅波那正在空中巡視人間時，碰巧遇到乘坐雲車的那羅陀仙人。

仙人對牠說：「偉大的羅剎之王，你的勇敢與武功蓋世無雙，你對乾闥婆、夜叉的每一場勝利都令我十分讚賞。但是，如果你想統治宇宙，就必須將掌管死亡的閻摩征服。」

閻摩是太陽神之子，是第一個在人間死去的天神。祂來到冥府後，變成亡靈的審判者，掌管人類的生死，祂會根據每個人生前的善行與惡行，給予享福與受罪兩種果報。

羅波那聽後，輕蔑地哼了一聲，說道：「對我來說，沒有什麼是辦不到的，最終我將征服四方世

閻摩是印度神話中掌管死亡的神明，在《梨俱吠陀》中，祂是第一個經歷死亡的人類，因此掌握了死亡的力量。

345

羅波那苦行時生出的十頭形象。

界。如果祢想觀戰的話，就跟我走吧！」

那羅陀仙人跟隨羅波那，向南方的閻摩冥府飛去。

祂一邊飛，一邊想：「羅波那是時令之神，而時令之神又被閻摩掌管，我倒要看看牠是如何戰勝自己頂頭上司的。」

羅波那率領大軍，到達了閻摩冥府。只見這裡沒有綠色的樹葉，乾枯的植物上長滿了針刺和利劍，不時地伸縮延長，扎在罪人的身上。鮮血流成的冥河中浸泡著許多罪人，它們在滾燙的河水裡拼命掙扎，慘叫聲不絕於耳。頑強爬到岸邊的罪人還要面臨惡狗的撕咬，痛苦不堪。地牢中，被飢餓與乾渴折磨的罪人臉色慘白，瘦骨嶙峋，活像一具具骷髏死屍，橫臥在地上，悽慘地呻吟著。在冥府的另外一邊搭建著許多華麗的廳堂，裡面燈火通明，不斷地傳來和諧優美的音樂。那些前世行善的好人們躺臥在床上，衣來伸手、飯來張口，身邊還有美女陪伴，十分愜意。

羅波那見狀，一聲令下，羅剎大軍蜂擁而至，衝進了冥府中。冥府中所有的侍衛、僕從一擁而上，與羅剎大軍展開了一場血戰。雙方互不相讓，死傷無數。羅波那見自己的隊伍與閻摩的部下勢均力敵，便拔出了濕婆贈與的寶劍，向敵軍狠狠砍去，片刻之間，牠就將閻摩的部下全部殺死。

閻摩知道自己的軍隊近乎滅亡，氣得青筋暴跳，立刻帶上死神與時令之神，騎上水牛，殺向羅波那。

當閻摩一行人準備開戰時，羅波那早已搭好弓箭，向祂們射了過去。死神當場中了四箭，閻摩的頭上居然中了上百箭。憤怒的閻摩口吐火焰，燒斷了頭上所有的箭矢，祂舉起熾熱的權杖，向羅波那襲去。羅剎們看到權杖，嚇得落荒而逃。

閻摩的怒火是三界中最恐怖的火焰，就連天神和阿修羅都會感到懼怕。躲在一旁觀戰的那羅陀仙人急忙喊道：「羅剎魔王，你快逃跑吧！任何人都無法在閻摩的怒火中求生！」羅波那雖然心中充滿了恐懼，但祂咬緊牙關，站在原地，準備與閻摩頑抗到底。

眼看權杖就要擊中羅波那了，那羅陀仙人嚇得捂住了眼睛。

這時，創造之神大梵天突然出現，勸阻憤怒的閻摩：「偉大的太陽神之子，我曾經答應過羅波那，不傷害牠的性命。做為我的臣子，祢不能違背我的意志，請祢熄滅怒火，放下權杖。」

閻摩固執地說：「偉大的始祖，羅波那兇狠殘暴，不僅攪亂了冥府的果報秩序，還放走了罪人，殺死了我的侍從，我不能寬恕牠！」

「閻摩，」大梵天繼續勸慰著，「如果你殺了十首王，就如同撕毀了我的諾言，那麼我所說的話就成了謊話，這個世界將變成充滿謊言的世界。」

閻摩聽後，放下了權杖，漸漸熄滅了怒火，祂雙手合十，恭敬地對大梵天說：「萬物的始祖，您是的我主人，我聽從您的吩咐，放過這個惡魔。但是，請您幫我恢復冥府的正常秩序。」

大梵天答應了閻摩的請求，祂將冥府中逃跑的罪人重新關進地牢，

閻羅王。

復活了所有的侍衛，恢復了冥府的正常秩序。

閻摩拜謝了大梵天后，對羅波那說：「惡魔，請你記住，今天是大梵天救了你，希望你懂得感恩，好自為之！」

說完，閻摩帶著死神與時令之神回到冥府，重新開始了工作。

佛教在古代印度興起後，採用了很多婆羅門教的神話，耶摩神的信仰也被佛教吸收。祂在佛教中職責是統領陰間的諸神，審判人生前的行為並給予相應地懲罰。

隨著佛教傳入中國，閻摩被認為是掌管地獄刑罰的神明，即是閻羅王。

小知識

根據吠陀的記載，閻摩是第一個死亡，到達天界樂土的凡人，因此，祂成為亡靈的統治者，指引亡者靈魂到達天界。但是在之後的記載中，閻摩慢慢被認為是死亡之神。祂也被認為是南方的守護神，掌管正義與法律。

人非人

「唸佛無難事，所難在一心。一心亦無難，難在斷愛根。」雖非人，亦有自己的生存之道。

　　天龍八部，是指天眾、龍、夜叉、阿修羅、迦樓羅、乾闥婆、緊那羅、摩呼羅迦八類非人的佛教護法神。

　　其中，緊那羅原是古印度神話中的娛樂神，後被佛教吸收為天龍八部之內。

　　緊那羅分為男、女，男緊那羅相貌為馬頭人身，歌聲動聽，令人難以忘懷；而女緊那羅相貌則是樣貌端莊，舞姿曼妙，引人入勝。雖然男、女緊那羅在相貌上差別明顯，但祂們有一個共同點，就是精通樂器。可以說，緊那羅就是天神中演奏法樂的最佳代表。

　　當然，緊那羅並不是一位特定的天神，而是一個種族，歸於天人一類。緊那羅身為護法，平日裡除了自身的修練，生活非常艱苦，但其平均壽命又很長。在漫長的生命進程，可以說緊那羅將自己的全部都奉獻給了佛法，守護著神佛的修行，保佑著世人的安泰。

　　神佛在修練進程中會遭到攪擾墮入惡道，緊那羅便守護著神佛「天人五衰」的境界，防止神佛因為外界事物而發生意外。

　　在緊那羅種族中，有一位名為「緊那羅王」的領導者。

　　相傳，有一座寺廟突然遭到了匪徒的洗劫。這群匪徒闖入寺廟後，大肆的搶砸金身佛像，見到僧人就打，寺中僧人見狀紛紛躲避，無人能夠與匪徒對抗。匪徒們在寺院裡為所欲為，片刻間就將大殿砸得面目全

緊那羅王。

非，最後燃起了大火。

就在這個時候，從廚房裡跑出來了一位廚子，他手拿一把大鏟，見到匪徒並不畏懼，反而掄著大鏟朝著匪徒砸去。匪徒們起初也沒將廚子放在眼裡，反而嘲笑廚子不自量力，可是沒過多久，匪徒們發現根本不是廚子的對手，一個個落荒而逃。在強盜離開後，僧人們想要感謝這位廚子，卻發現他已經不見蹤影了。

後來有人說，這個廚子正是緊那羅王，他在危急時刻現身保護了寺人和三寶道場。

這個故事漸漸流傳到民間，因此各寺院紛紛塑起了緊那羅王的塑像，每年祭祀，並將緊那羅王供奉為「監齋菩薩」。

小知識

緊那羅王，又名「樂天」，意為「音樂天」、「歌神」，是佛教天神「天龍八部」之一。因其頭上長角又被稱為「人非人」。在中國佛教傳說中，緊那羅曾化為少林寺做雜務的行者，持一根燒火棍打退圍寺的紅巾軍。

眾星之主

「若眾生心，憶佛、唸佛，現前當來，必定見佛，去佛不遠；不假方便，自得心開。」

　　古人雖然沒有哈伯望遠鏡、衛星導航等先進的工具，但並沒有減弱他們對天文學的癡迷。那星羅棋布、閃爍不定的星星，給單調的夜空增加許多神祕。

　　由於星星離我們比較遠，再加上沒有觀測工具可以依靠，很難用肉眼看出變化，所以古人就將那些看起來不會變化的星星稱之為恆星，意思是不會變動的星星。由於恆星比較多，古人又將其分為三大區域，也就是三垣，即紫微垣、太微垣和天市垣。

　　紫微垣又稱紫微宮、紫垣、紫宮，位於天空的正北面，處於最尊貴的地方，是天帝的居所；太微垣則是代表人間的王公大臣，負責輔佐君王；天市垣則是各大諸侯的封地所在，代表君王統治的各個地區。

　　由於北極星和勾陳六星都居住在天上的紫微宮中，其中又以北極星所處的位置最為靠北，所以人們就稱北極星為「帝星」，其他的星星都要以帝星為中心有序運轉。

　　這個「帝星」就是紫微大帝，全稱是「中天紫微北極大帝」，是道教尊神「四御」之中的第二位神，其地位僅次於最高尊神「三清」和玉皇大帝。

　　相傳，周文王姬昌的長子伯邑考死後被姜子牙封為紫微大帝。

為了增加紫微大帝的權威性，道教將其說成是元始天尊的第五化身，賦予至高無上的權力。在道教典籍中，紫微大帝是萬星的主人，在天庭中僅次於玉皇大帝。由於紫微大帝統帥三界之內所有的星星和鬼神，眾多的神靈都要對祂行君臣之禮，即使是尊貴如五嶽山神、四海龍王，也要對祂禮拜有加。

　　紫微大帝掌管天上的五雷神，可以隨心所欲地呼風喚雨。此外，他還要幫助頂頭上司玉皇大帝管理日月星辰和四時氣候。換句話說，我們這位星王的地位非常尊貴，祂不僅掌管著乙太陽為首的眾星之主，還是一切天相的掌管者。

紫微大帝。

佛教在漢化過程中，自然不可忽視這樣一位深受崇敬、執掌自然界的天神，故在水陸畫中將祂請進上堂。

到了明朝，佛教的護法神隊伍又有了大的擴展，除了將古印度神話中的二十位天神納入佛教懲惡揚善的護法隊伍（稱二十諸天）外，又增加了緊那羅和道教的三位神明，即紫微北極大帝、東嶽大帝及雷神，使紫微北極大帝成為佛教二十四天之一，而享受人間煙火。

🌸 小知識

紫微大帝，全稱「中天紫微北極太皇大帝」，紫微又叫紫微垣、紫宮，位處三垣之中的中垣，是星座上屬帝王之所居。紫微大帝執掌天經地緯、日月星辰及四時節氣等自然現象，在中國古代民間極受崇拜。

孝感動天

「假使有人左肩擔父，右肩擔母，研皮至骨，骨穿至髓，繞須彌山，經百千匝，猶不能報父母深恩。」也就是說，為人子者，雖以生命相報也難酬父母之恩。

　　很久以前，雍州的一個小山村，一個小男孩出生了。母親張氏請村裡有文化的人，給孩子取名辛興，字震宇。

　　辛興家境貧寒，自小父親去世，和寡母相依為命。

　　辛興身材高大，相貌奇特，每天上山打柴，挑到附近的市集上換取吃穿用品，勉強維持生活。

　　這天，辛興吃完早飯到山上打柴，在一棵大槐樹下的草叢裡，發現了五隻剛剛成形的野雞。辛興十分高興，心想：母親年老體弱，將這些野雞帶回去給母親滋補身體。於是，他將野雞放進布包，背在身上，帶回了家中。母親將雞關進籠子，一夜無話。

　　第二天，辛興照常上山打柴，母親留在家裡，從籠子裡面取出一隻雞，要殺了燉肉。當張氏將雞按到案板上舉刀要砍下去的時候，雞突然開口說話了：「請妳不要殺我，我是雷神，不能吃。妳若殺了

雷祖天尊。

我，必然性命不保。」張氏耳背，而且反應遲鈍，當隱約間聽見雞開口說話的時候，菜刀已經落下，雞頭被砍了下來。剎那之間，天色突變，狂風大作。一道利電劈了過去，緊接著一聲驚雷，張氏被擊中，倒地身亡。

原來，辛興居住的地方叫雷神山，每年驚蟄前後，雷神山上雷聲大作，所有的草木都會被驚雷劈斷。春秋兩個季節，雷神潛入雷神山上，在枯草之中變化成雞形。辛興所抓的五隻野雞，就是剛成雞形的五個雷神。

辛興打柴歸來，看見母親身亡，抱著屍體大聲痛哭：「這到底是怎麼回事呢！」鄰居聽見了哭聲，紛紛走了過來，告訴辛興，母親是被雷劈死的。這時候辛興看到母親背上有一行金字：「我是雷部天神，混一之氣所化；天威震怒，劈死了此人。做為警戒，世人以後切勿冒犯。」

辛興這才知道抓回來的野雞是雷神所化，不由得大怒，將其餘四隻雞用衣服蓋住，舉起木棒就要全部打死。雷部眾神在天宮見狀，祭起雷電，要劈死辛興。霎時烏雲密布，雷電交加，大雨傾盆。圍觀鄰居見狀，四散逃走。辛興毫不畏懼，毅然決然將四隻雞打死，然後仰頭對著蒼天呼喝：「男兒一世，能為母親報仇盡孝，也就心滿意足了！天上的雷神呀，祢劈死我吧！」

辛興的剛毅和孝心，令雷部眾神感動不已。祂們收起雷電，轉瞬之間，霧靄散盡，雨霽雲消。雷神變成了一個道士，翩躚而至，來到辛興面前施禮道：「你真是一個大孝子，面對驚雷毫不畏懼，反倒將其制伏。我就是雷神，剛才將你母親劈死了，請你原諒，不要再心懷怨恨。我願贈給你十二顆火丹，權當謝罪。」

辛興吃了道士贈給的十二顆火丹，剎那間身形驟變，化作了一個雷公。他腳踏五雷鼓，直上雲天，被玉帝封為雷祖天尊。

辛興在成神之前，曾經和一個經營屠豬買賣的生意人十分投緣。

那個生意人很敬重出家人，每次碰到和尚或者尼姑化緣，都會施捨許多食物和日用品。

但是，這位生意人在往生後卻墮入了鬼道，變作了水鬼。每天在水中受到雷電的傷害，這令它痛苦不堪。

變作水鬼的生意人始終心有不甘，總是在思考：「生前我從未做過傷天害理的事情，而且經常佈施，為何死後會墮入鬼道，受此折磨？難道是因為殺業的生意所致？」

但生意人轉而又想：「在我生前對出家人盡心供養，有求必應。如果我現在的報應是因為殺生賣肉所造成的。可是出家人明知道我所造的是惡業，為何始終沒有告訴過我？」漸漸地，它對出家人的怨恨越來越強烈了。

有一天，生意人發現自己生前供養的出家人坐船渡河，便趁著船隻行到河水中央時，立即現身，將船顛覆了過來。但恰好，雷部元帥辛興與出家人共同乘船，見到已成為水鬼的生意人如此執意要將船弄翻，便問道：「你為何要拉住船不肯鬆手呢？」

生意人面露兇光，指責道：「都是這位出家人，他接受我的供養，但明知道殺生不好卻從未告訴過我，以致於現在我淪為鬼道，每日都要忍受痛苦！」

辛興搖頭嘆道：「為何不仔細想想，如果是你生前因為殺豬賣肉而受此業報，那你現在又想要害人性命，又會積下怎樣的報應？你今日所

受的苦，根本不是因你殺豬賣肉所造成的，而是因為你對自己的父母不孝啊！你回想一下，你的父母在世時，你可曾用心侍奉過他們？他們生病即將離世的時候，你可曾在他們的身邊？」

生意人聽了，心想：「原來如此，是我冤枉了出家人，我應該好好承受過去錯誤的果報。」想通以後，他謝過辛興，重新沉入了水底，也終於獲得了解脫。

小知識

雷祖天尊，即九天應元雷聲普化天尊，或稱九天應元雷聲普化真王。據《無上九霄玉清大梵紫微玄都雷霆玉經》稱，雷祖是元始天尊第九子玉清真王的化身。也有說是軒轅黃帝升仙以後成為雷精，主雷雨之神，雷祖為其封號。

群山之王

信願唸佛即是無上菩提心，大悲大智大願即菩提心，上求佛道下化眾生即菩提心。

　　古人認為，一草一木、一山一石都是有靈性的，所以古人普遍具有「泛神」的思想和理念。在中國眾多名山大川中，以東嶽泰山、北嶽恆山、西嶽華山、南嶽衡山、中嶽嵩山最為有名，管理這五嶽的神仙也最為威嚴。東邊是太陽升起的地方，代表著萬物的生長，因此，東嶽泰山神的地位最高。

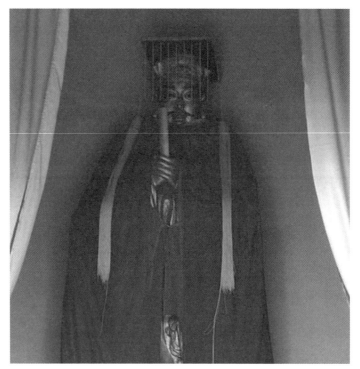

東嶽大帝。

關於東嶽泰山神的原型，在道教典籍中我們可以找到詳細的紀錄。

據《三教搜神大全》記載，東嶽泰山神是盤古的九世苗裔金輪王少海氏和妻子彌綸仙女所生的兒子。

當初，彌綸仙女夢到自己吃飯時，有兩個太陽落入了自己的肚子，第二天早上起來，發現自己竟然懷孕了。過了一段時間，彌綸仙女產下兩個兒子，大兒子取名叫做金蟬氏，也就是後來的東華帝君，二兒子取名叫做金虹氏，就是後來的東嶽泰山神。

雖然出身名門，但是金虹氏的父母並不溺愛自己的孩子。他們深知「父母之愛子，必為之計深遠」的道理，在金虹氏能夠自力更生的時候，父母就讓他獨當一面，保佑當地百姓福祉，做了很多好人好事。

由於基層經驗豐富和護民有功，伏羲封金虹氏為太歲，這個時候金虹氏才開始有了神職，接受人們的祭拜，也即是說金虹氏從「事實神仙」變成了「合法神仙」。

受封之後，金虹氏很高興，畢竟是自己掙得的一份榮耀，所以備加珍惜，努力做事。

到了神農帝的時候，又給金虹氏升官了，這次他從太歲升到了天府都官，並且有了府君的別號。

在府君的位置上坐了幾百年之後，金虹氏迎來了人生中的第三次高升。

這時也到了東漢年間，漢明帝感念金虹氏的功勞，加封他為泰山元帥。

此後，金虹氏一直高升不斷。

在武則天執政期間，加封金虹氏為天齊君，唐玄宗又將其升為天齊

王。到了宋真宗的時候，被加封為東嶽天齊仁聖王，幾年後，又加封為東嶽天齊仁聖帝，至此，金虹氏達到了職業生涯的最高峰，成功加冕為帝君。

由於所轄地界在泰山，所以又被人們稱為東嶽大帝。

當東嶽泰山神進入到百姓的生活之中後，人們還將他進行了人格化，將這樣一位由山川信仰產生的神仙變成一個有血有肉、有名有姓的神仙。

在《封神演義》中，黃飛虎成了泰山神的化身。

當初，紂王荒淫無道，企圖玷污黃飛虎的妻子，黃夫人為保持名節，跳下鹿臺身亡。黃飛虎的妹妹是紂王的寵妃，由於嫂子受辱便在斥責了紂王之後自殺身亡。飽經喪親之痛的黃飛虎帶著自己的部下和孩子投奔了周武王。在武王伐紂的過程中，戰死在沙場。周朝建立之後，姜子牙舉行封神大禮，將黃飛虎封為東嶽大帝，主管人間的生死福禍。

※ 小知識

東嶽大帝，全稱「東嶽天齊仁聖大帝」，是道教崇奉的泰山神。他原也是中國古代民間信仰，被道教吸收後，成了掌管人間生死之神。泰山神對佛教發展也有一定影響，佛教密宗稱泰山神為深沙大將，是閻摩的太子。在地府十王之說中，泰山神主第七殿，專司熱腦地獄等。

國家圖書館出版品預行編目資料

讀佛、禮佛、認識佛：一生不可錯過的佛教諸神故事／彭友智著.
－－第一版－－臺北市：知青頻道出版；
紅螞蟻圖書發行，2014.11
面　公分－－(大智慧；20)
ISBN 978-986-5699-44-4（平裝）

224.515　　　　　　　　　　103020864

大智慧 20

讀佛、禮佛、認識佛：一生不可錯過的佛教諸神故事

作　　者／彭友智
發 行 人／賴秀珍
總 編 輯／何南輝
責任編輯／韓顯赫
美術構成／Chris' office
校　　對／周英嬌、賴依蓮
出　　版／知青頻道出版有限公司
發　　行／紅螞蟻圖書有限公司
地　　址／台北市內湖區舊宗路二段121巷19號（紅螞蟻資訊大樓）
網　　站／www.e-redant.com
郵撥帳號／1604621-1　紅螞蟻圖書有限公司
電　　話／(02)2795-3656（代表號）
傳　　真／(02)2795-4100
登 記 證／局版北市業字第796號
法律顧問／許晏賓律師
印 刷 廠／卡樂彩色製版印刷有限公司
出版日期／2014年 11月　第一版第一刷

定價 300 元　　港幣 100 元

ISBN　978-986-5699-44-4　　　　　　　**Printed in Taiwan**